LO SPECCHIO NELLE FIABE E NEI MITI:RITORNO A SÉ O SPIETATO RIVELATORE

LO SPECCHIO NELLE FIABE E NEI MITI:RITORNO A SÉ O SPIETATO RIVELATORE

PREMESSA

LO SPECCHIO

Guardarsi allo specchio può significare diverse cose:

vedersi per come si è e ammirarsi,
ammirarsi senza vedersi,
guardarsi senza vedersi,
ammirarsi vedendo solo alcune parti di noi,

oppure vedersi per come si è e tentare di cambiarsi attraverso l'immagine che ci viene rimandata (dallo Specchio, inteso come Altro, Amante, Amato Autocoscienza, Psicoanalista, Psicoterapeuta, Fato).

Ma guardarsi allo specchio e vedersi non è così semplice: gli specchi sono truccati dal nostro inconscio, deformati dalla nostra psiche.

Occorre uno Specchio davvero 'magico' nel senso etimologico:

"con il termine Magia si indica una tecnica che si prefigge lo scopo di influenzare gli eventi e di dominare con la volontà i fenomeni fisici e l'essere umano, a tale fine può servirsi di gesti, atti e formule verbali o di rituali appropriati."[1]

La psicoanalisi ci ha insegnato che la volontà, nel campo della psiche, non è necessariamente *la soluzione'*, perché le

---

[1] Wikipedia, http://it.wikipedia.org/wiki/Magia

pulsioni inconsce contrastano coi desideri consci, sviandoci da una meta che non è chiara nemmeno a noi stessi.

E chi non si *'vede'* non sa cosa vuole davvero, a cosa tende.

Man In The Mirror

I'm gonna make a change, for once in my life
It's gonna feel real good, gonna make a difference
Gonna make it right...

As I, turn up the collar on my favorite winter coat
This wind is blowin' my mind
I see the kids in the street, with not enough to eat
Who am I, to be blind?
Pretending not to see thier needs
A summer's disregard, a broken bottle top
And a one man's soul
They follow each other on the wind ya' know
'Cause they got no where to go
That's why I want you to know

Chorus:
I'm starting with the man in the mirror
I'm asking him to change his ways
And no message could have been any clearer
If you wanna make the world a better place
(If you wanna make the world a better place)
Take a look at yourself, and then make a change
(Take a look at yourself, and then make a change)

(Na na na, na na na, na na, na nah)

9

I've been a victim of a selfish kind of love
It's time that I realize
That there are some with no home, not a nickle to
loan
Could it really be me, pretending that they're not
alone?

A willow deeply scarred, somebody's broken heart
And a washed-out dream
(Washed out dream)
They follow the pattern of the wind, ya' see
'Cause they got no place to be
That's why I'm starting with me
Starting with me) [2]

———————————————

Traduzione italiana ultime pagine

Tra i vari autori che hanno trattato questo argomento, troviamo: Maria Rita Parsi.

In *La mente creativa* [4], propone riflessioni molto interessanti scaturite da lavori psicoterapeutici basati sulla fiabazione, cioè sull'animazione di una fiaba da parte di pazienti.

In particolare, la studiosa accentra la sua attenzione su una fiaba da lei stessa scritta proprio a fini terapeutici, *La Principessa degli Specchi*[5]. La fiaba racconta di una principessa che vive sola in un castello completamente

---

[3] Autori: Glen Ballard, Siedah Garrett; esecutore: Michael Jackson. Dall'album Bad, 1987, Epic Records

[4] Francesca Morino Abbele, Maria Rita Parsi, La mente creativa, Milano, Franco Angeli, 2006

[5] Maria Rita Parsi. La principessa degli specchi- tecnica di approccio psicoanimatorio al corpo, Firenze, Ed. Organizzazioni Speciali, 1985

pieno, all'interno, di specchi a mezzo busto; la ragazza, quindi, riesce a vedere solo la parte più alta del suo corpo e, a lungo andare, il vedere soltanto la sua immagine riflessa le procura un doloroso senso di solitudine.

Un giorno decide quindi di uscire dal castello per cercare qualcuno che si specchi insieme a lei, ma i suoi primi tentativi falliscono, poiché trova per prima una monaca che, appena entrata, si getta in ginocchio per pregare, non apparendo negli specchi; quindi è la volta di una vecchietta che, troppo stanca, si siede nella vasca da bagno, impedendo allo specchio di rifletterla. Essendo una fiaba, non poteva non comparire un principe e, infatti, la terza persona che la principessa invita al castello è un bellissimo principe che, innamoratosi perdutamente della principessa, si inginocchia ai suoi piedi implorando il suo amore e, naturalmente, lasciando sugli specchi la sola figura a mezzo busto dell'amata.

Delusa, la principessa invita quindi una sirena che, vedendo la bella vasca da bagno, vi si tuffa, disattendendo ancora al desiderio della giovane. Sconfortata, la principessa tenta allora l'impresa con una bambina che, una volta nel castello, le chiede di prenderla in braccio: finalmente la principessa non è più sola nello specchio e, rotto l'incantesimo, il soffitto fa scivolare le altre metà degli specchi, dove la principessa può ora guardare la sua immagine intera.

Per l'autrice, "(...) la Principessa degli Specchi che vive sola (...) e non possiede specchi che le consentano di vedere per intero la sua figura, è il simbolo di questa difficoltà a realizzare un'identità matura capace di integrare armonicamente la parte alta che si specchia con la parte bassa del corpo: l'area genitale-sfinterica, le gambe e i piedi, la parte emotiva, la parte infantile del 'radicamento'." [6]

---

[6] La mente creativa, op. citata, p. 98.

In questa fiaba, come vediamo, lo specchio ha una funzione attiva, è un oggetto non solo passivo; inoltre, come in altre fiabe, miti ed opere narrative, assurge a simbolo di importanti funzioni psicologiche.

Queste iniziali considerazioni, scaturite dallo studio del testo sopra citato, ci hanno portato all'idea di sviluppare l' argomento in questa tesi che, in particolare, cercherà di individuare i ruoli simbolici che l'oggetto assume e quali siano gli elementi di contatto che associano "Lo Specchio" ai miti, alle fiabe, alla filosofia, alla psicanalisi, alla psichiatria, e specificatamente nelle fiabe e nei miti.

CAPITOLO 1

La funzione dello specchio nelle fiabe

1.Fiaba e mito: analogie e differenze

Pur avendo diversi punti di contatto, la fiaba ed il mito hanno radici diverse e sono sostanzialmente due diversi generi letterari.

Inoltre è importante distinguere la fiaba dalla favola, che sono due generi affini ma che divergono fortemente sia nella forma che nella sostanza. Pur avendo la stessa radice etimologica – il verbo latino *far, faris* = dire, raccontare- gli ambienti ed i personaggi della fiaba sono quasi sempre fantastici (orchi, fate, streghe,etc.) e gli eventi prodigiosi, miracolosi. Il racconto, inoltre, ha carattere quasi sempre consolatorio ed un lieto fine.

La favola, invece, ha quasi sempre per protagonisti degli animali ai quali si attribuiscono facoltà, difetti e pregi umani;

inoltre la favola ha carattere morale, cioè è sempre accompagnata da un monito, un insegnamento relativo ad un principio etico (si pensi alle famose favole di Esopo come *La cicala e la formica, La volpe e l'uva*).

Mentre la favola ha soprattutto fini educativi, la fiaba comunica attraverso simboli che rappresentano contenuti inconsci ed è proprio questa caratteristica che l'accomuna al mito.

"È generalmente riconosciuto che i miti e le fiabe ci parlano nel linguaggio di simboli che rappresentano un contenuto inconscio. Essi fanno appello contemporaneamente alla nostra mente conscia e inconscia, a tutti e tre i suoi aspetti -Es, Io e Super-io- nonché al nostro bisogno d'ideali dell'Io. Ecco il perché della loro efficacia. Nel contenuto delle fiabe vengono espressi in forma simbolica fenomeni psicologici interiori. (...)

Non esistono soltanto analogie essenziali fra i miti e le fiabe; ci sono anche differenze intrinseche. Benchè tanto nei primi quanto nelle seconde siano presenti gli stessi personaggi esemplari e le stesse situazioni e si abbiano eventi ugualmente miracolosi, c'è una differenza fondamentale nel modo in cui essi sono comunicati. In termini semplici, la sensazione dominante comunicata dal mito è la seguente: questo è assolutamente unico; non avrebbe potuto succedere a nessun'altra persona, o in nessun altro ambiente; simili eventi sono grandiosi, ispiratori di sacra meraviglia, e non sarebbero mai potuti capitare a comuni mortali come voi o me. Il motivo non è tanto che l'avvenimento è miracoloso ma che è descritto come tale. Per contrasto, benché gli eventi che si verificano nelle fiabe siano spesso insoliti e assai improbabili, sono sempre presentati come ordinari, come qualcosa che potrebbe accadere a voi o a me o al vicino di casa durante una passeggiata nel bosco. Anche gli incontri più straordinari sono raccontati nelle fiabe in tono casuale, come se fossero una faccenda di tutti i giorni.

Una differenza ancora più importante tra questi due tipi di storie è il finale, che nei miti è quasi sempre tragico, mentre nelle fiabe è sempre lieto. (…)

Il mito è pessimistico, mentre la fiaba è ottimistica, per quanto possano essere tremendamente seri certi aspetti della storia. È questa decisiva differenza che distingue la fiaba da altre storie dove succedono fatti altrettanto fantastici, indipendentemente dalla causa del lieto fine, che può consistere nelle virtù dell'eroe, nel caso o nell'interferenza di figure soprannaturali.

I miti riguardano in modo tipico le richieste del Super-io in conflitto con un'azione motivata dall'Es, e con i desideri autoconservatori dell'Io. Un semplice mortale è troppo fragile per far fronte alle sfide degli Dei. Paride, che ubbidisce all'ordine di Zeus trasmessogli da Mercurio e alla richiesta delle tre dee di scegliere tra loro quella degna di ricevere la mela, è distrutto per aver ubbidito a questi comandi, come succede a innumerevoli mortali dopo questa fatale scelta.

Per quanto ci possiamo sforzare, non riusciamo mai a vivere completamente all'altezza di quanto il Super-io, così come è rappresentato nei miti degli dei, sembra chiederci. Più noi ci sforziamo per accontentarlo, più sono implacabili le sue richieste. Anche quando l'eroe non sa di aver ceduto ai pungoli del proprio Es, è comunque costretto a soffrirne in modo tremendo. Quando un mortale scontenta un dio senza aver fatto qualcosa di male, viene distrutto da queste supreme rappresentazioni del Super-io.

"Il pessimismo dei miti è esemplificato in modo superbo in quel paradigmatico mito della psicanalisi che è la tragedia di Edipo."[7]

---

[7] B. Bettelheim, Bruno Bettelheim, Il mondo incantato, Milano, Feltrinelli, 1977, p. 40.

2. La fiaba come specchio della psiche

L'importanza dell'ascolto delle fiabe nel corso dell'infanzia è un elemento che, da tempo immemorabile, le generazioni hanno intuito e tramandato attraverso i secoli, pressoché in tutte le culture. La saggezza popolare, evidentemente, ha da sempre recepito, a livello inconscio, che le fiabe non sono solo racconti atti a spaventare o intrattenere i bambini.

Fu solo nel secolo scorso che il genere 'fiaba' fu messo duramente in discussione, specialmente dalla cosiddetta generazione del

23

'68, fortemente razionalista. I giovani 'rivoluzionari' di allora, infatti, guardavano alle fiabe come a vicende irreali usate allo scopo di inculcare nel bimbo paure irrazionali al fine di 'controllarlo' meglio.

Come sottolinea Luana Benini :
"A partire dal secondo dopo guerra in tutti i paesi industrializzati dell'occidente si è costituito un vero e proprio *"movimento antifiaba"* che ha raccolto non pochi adepti tra genitori e educatori e che ha raggiunto la sua massima diffusione negli anni '60."

La fiaba si è trovata così al centro di una bufera di rifiuti sdegnosi motivati da ragioni di carattere psicologico-affettivo e ideologico sociale.

Le prime censure, quelle ad es. prevalenti nel testo del Brauner *"Nos livres d'enfants ont menti"* (Vallon, Parigi, 1951), si appuntavano contro il non realismo della fiaba: non si può dare in pasto all'infanzia, si diceva, una simile congerie di inutili falsità che finiscono per tessere una cortina di fantasticherie davanti alla realtà, esercitando un potere coercitivo sul libero sviluppo delle capacità razionali del bambino; il mondo è difficile e complicato, e il bambino deve tenere gli occhi bene aperti sui problemi che lo circondano, affrontare con disponibilità la faticosa interazione con la società dei grandi senza essere intrappolato tra gli incantesimi di un tempo e di uno spazio suoi propri.

Si pensava ad un bambino che doveva crescere in fretta, senza troppi pannicelli caldi, e si temeva al contempo l'atteggiamento sadico di chi, sotto le vesti di pedagogista sui generis, aveva agitato in passato, e continuava a farlo anche al momento presente, lo spauracchio dell'Orco e delle streghe, per insegnare all'infanzia le buone maniere e la sottomissione a certi modelli di comportamento.

Gli orchi, i lupi, le streghe, che popolavano insieme a folletti, cavalli alati, fate, principi e principesse quel mondo meraviglioso, dovevano finirla dunque di spaventare i bambini, di costringerli ad una forte tensione psicologica, di provocare inutili angosce con tutte le loro vicende truculente ed assurde.

"Se non stai buono chiamo l'Orco", *"mangia che altrimenti arriva il lupo"* (oppure il babau, la vecchia, ecc). Chi di noi non ha sentito almeno una volta qualche adulto pronunciare una frase simile? E non c'è dubbio che il tanto temuto lupo (o orco, o vecchia) era immediatamente riconducibile a certi tipici personaggi del mondo delle fiabe, così vicino a quello del bambino, da essere percepito come qualcosa di profondamente vero.

Strada facendo, si sono ridotte numericamente le schiere dei sadici maestri della disciplina e del giusto comportamento, dei cultori di ricette pedagogiche fondate sul ricatto e sul terrorismo psicologico, anche per la maggiore attenzione dedicata a livello di massa ai problemi della crescita e dello sviluppo.

Alle vecchie motivazioni di rifiuto se ne sono aggiunte allora altre più legate alle ricerche sulla creatività infantile, e dirette, questa volta, alla struttura della fiaba, alla povertà dei motivi e degli intrecci narrativi che, in quanto fondati su stereotipi fissi, finirebbero per bloccare lo sviluppo creativo del bambino.

Ma c'è tutto un altro contingente di critiche, ben più agguerrite, che hanno segnato la fase più acuta e radicale della messa al bando della fiaba negli anni '60. Queste critiche sono rivolte ai valori conservatori dei quali la fiaba si farebbe portatrice: "Raccontare" significherebbe una cosa sola: tramandare. E che cosa si tramanda se non i valori? Tutto questo inserito in una congiuntura politico-culturale che vede il movimento teso alla ricerca e alla formulazione, anche teorica, di nuovi valori, in risposta a bisogni emergenti come "nuovi". I valori contestati riguardano il ruolo della donna, la bellezza, il potere, i rapporti e le figure sociali, la forza fisica, la felicità nel matrimonio, ecc. e non possono

27

trovare posto in una educazione che si vuole alternativa, proprio perché si configurano come i capisaldi della vecchia educazione fondata sull'autoritarismo, sul consenso incondizionato agli schemi sociali imposti dall'egemonia borghese.

Di qui la frenetica attività di riscrittura e scombinamento delle fiabe tradizionali e la proposta di storie alternative, come quelle prodotte ad es. dal movimento femminista, fra le quali ve ne sono alcune molto indovinate e che hanno trovato favorevole accoglienza fra i bambini, ma ve ne sono molte di mediocri." [8]

---

[8] Luana Benini, Esplorazione nella fiaba, pubblicato nella rivista Insieme dei Cemea (Centri Esercitazione ai Metodi dell'Educazione Attiva), http://www.cemea.ch/users/bd/Espressione/storie/esplorazione _nella_fiaba.htm

A ridare alle fiabe il loro giusto ruolo, a 'riabilitarle' presso educatori, pedagogisti, genitori e psicologi infantili fu l'opera *Il mondo incantato*[9] dello psicoanalista austriaco Bruno Bettelheim, una vera pietra miliare sull'argomento.

Bettelheim, analizzando i contenuti delle fiabe, dimostra che attraverso di esse il bambino si mette in contatto col proprio inconscio:

" Per poter risolvere i problemi psicologici del processo di crescita – superando delusioni narcisistiche, dilemmi edipici, rivalità fraterne, riuscendo ad abbandonare dipendenze infantili, conseguendo il senso della propria individualità e del proprio valore, e quello di dovere morale – un bambino deve comprendere quanto avviene nella sua individualità cosciente in modo da poter affrontare anche

---

[9] Bruno Bettelheim, op. cit.

quanto accade nel suo inconscio. Egli può giungere a questa conoscenza, e con essa alla capacità di affrontare se stesso, non attraverso una comprensione razionale della natura e del contenuto del suo inconscio, ma familiarizzandosi con esso, intessendo sogni ad occhi aperti: meditando, rielaborando e fantasticando intorno ad adeguati elementi narrativi in risposta a pressioni inconsce. Così facendo, il bambino adegua un contenuto inconscio a fantasie consce, che poi gli permettono di prendere in considerazione tale contenuto. È qui che le fiabe hanno un valore senza pari: offrono nuove dimensioni all'immaginazione del bambino, dimensioni che egli sarebbe nell'impossibilità di scoprire se fosse lasciato completamente a se stesso."[10]

La fiaba, quindi, assume una funzione quasi terapeutica o, perlomeno, aiuta il

---

[10] B.Bettelheim, op. cit., p. 12

bambino nelle fasi più critiche della crescita, gli permette di proiettare le sue problematiche inconsce su personaggi immaginari, salvaguardando in questo modo le figure parentali reali.

Purtroppo nelle fiabe moderne la cultura dominante per un certo periodo ha evitato la maggior parte dei problemi esistenziali, sottraendo così il bambino e l'adulto a suggerimenti in forma simbolica circa il modo in cui poter affrontare determinati problemi provocando danni alla maturità psicologica. Molte storie, infatti, censurano la morte, l'invecchiamento o la malattia, i momenti più difficili da affrontare nell'esistenza.

La rimozione del dolore, della sofferenza, non fanno altro che dare una visione edulcorata della realtà al fine di 'proteggere' le giovani generazioni dall'angoscia e dalla paura, rimandando però loro l'immagine di un mondo – questo sì- irreale.

Come afferma Bettelheim:

"C'è un diffuso rifiuto a permettere al bambino di sapere che gran parte degli inconvenienti della vita sono dovuti alla nostra stessa natura: alla propensione di tutti gli uomini ad agire in modo aggressivo, asociale, egoistico, spinti dall'ira e dall'ansia. (...) La cultura dominante preferisce fingere, soprattutto quando si tratta di bambini, che il lato oscuro dell'uomo non esista, e professa di credere in un'ottimistica filosofia del miglioramento. La stessa psicanalisi è vista come un sistema per rendere facile la vita: ma non era questo l'intendimento del suo fondatore. La psicanalisi fu creata per consentire all'uomo di accettare la natura problematica della vita senza esserne sconfitti o cercar di evadere dalla realtà. Freud prescrive che soltanto lottando coraggiosamente contro quelle che sembrano difficoltà insuperabili l'uomo può riuscire a trovare un significato alla sua esistenza."[11]

---

[11] B. Bettelheim, op. cit., p. 13

Nell'ultimo secolo – e sempre in misura maggiore – la società occidentale tende invece a rimuovere gli aspetti dolorosi dell'esistenza, facendo assurgere a status di 'valori assoluti' l'eterna gioventù, la bellezza, il successo, l'effimera popolarità, la ricchezza acquisita facilmente e con metodi dubbi. Il significato più profondo della vita, tuttavia, è ben altro: è necessario trascendere gli angusti confini di un'esistenza egocentrica (narcisistica) e credere di poter dare un importante contributo alla vita e al futuro.

Le fiabe antiche, tradizionali, pongono invece l'individuo di fronte ai principali problemi umani e suggeriscono i metodi per risolverli.

"Proprio questo è il messaggio che le fiabe comunicano al bambino e all'adulto in forme molteplici: che la lotta contro le gravi difficoltà della vita è inevitabile, è una parte intrinseca dell'esistenza umana, che soltanto chi non si ritrae intimorito ma affronta risolutamente avversità inaspettate e spesso immeritate può superare tutti gli ostacoli e alla fine uscire vittorioso."[12]

Il mondo della fiaba, in qualche modo, continua ad essere presente anche nella vita dell'adulto in forma di speranza, aspettativa, fede. Giochiamo per vincere una somma che ci 'risolva' la vita, preghiamo per ottenere un miracolo, baciamo migliaia di rospi nella speranza che uno di loro si trasformi in principe. E, nella vita di tutti i giorni, ci accompagna sempre quella forma di 'fiaba' che si chiama 'arte': la musica, la letteratura, i film, i programmi televisivi che trasformano in 'star' gente comune che, spesso, non ha nessun talento.

"Gli adulti convivono con le fiabe e non lo sanno. Fiabe sono i libri che leggono, i film

------

[12] B. Bettelheim, op. cit., pp. 13-14

o la tv che vedono, fiabe le canzoni che cantano, i balli che ballano, le bugie che dicono, le cose che raccontano ogni giorno a se stessi, la facciata che preparano senza spontaneità per gli altri. Fiabe le storie sentimentali a lieto fine e non, che vivono. Fiabe i tradimenti e le gelosie. Fiabe le scelte. Fiabe il catalogo dei loro destini.

Curarsi con le fiabe è prendere atto di questa convivenza, accettarla, utilizzarla."[13]

---

[13] F.Morino Abbele, M.R.Parsi, op. cit., p. 113.

3. Biancaneve e la matrigna:il conflitto edipico tra madre e figlia

Come per molte fiabe, anche quella di Biancaneve ha diverse versioni. Qui riporteremo una sintesi di quella più nota, cioè quella scritta e rielaborata dai fratelli Grimm.

Un giorno una regina è intenta a cucire vicino a una foresta, sulla neve. Durante il suo lavoro si punge un dito e, guardando le gocce di sangue cadute sulla neve, esprime il desiderio di avere una figlia con i capelli scuri come l'ebano, la pelle bianca come la neve e le labbra rosse come il sangue.

Dopo qualche tempo il suo desiderio si avvera: la bambina nasce e viene chiamata Biancaneve ma, purtroppo, la regina muore di parto.

Il re si risposa per dare una madre alla figlia ma, quando Biancaneve è adolescente, la matrigna – donna ossessionata dalla sua bellezza al punto da chiedere continuamente ad uno specchio magico chi sia la più bella del regno- diventa invidiosa della sua bellezza e ne desidera la morte. Ordina quindi ad un cacciatore di portare la ragazza nel bosco, ucciderla e riportarle il suo cuore, il fegato e i polmoni (gli organi dipendono dalle versioni) come prova della sua morte.

Il cacciatore, tuttavia, impietosito, abbandona Biancaneve nel bosco, convinto che comunque non sopravviverà agli attacchi delle belve; come prova del delitto, uccide un cinghiale e ne porta gli organi alla regina, che li mangia convinta che siano della figliastra.

Biancaneve, vagando per il bosco, si imbatte in una casa nella quale abitano sette nani, che lavorano in una miniera. Ma, quando la ragazza entra nella casa, la trova vuota e, stanca e affamata, si rifocilla con cibo e vino, quindi si addormenta. Al loro ritorno, i nani, dopo un iniziale sgomento, accettano di ospitare Biancaneve che, in cambio, accudisce alla loro casa.

Dopo qualche tempo, però, la matrigna – grazie allo specchio magico- scopre che la figliastra è viva e dove abita. Travestitasi da vecchia venditrice, si reca per due volte alla casa dei nani, tentando entrambe le volte di uccidere Biancaneve; i suoi tentativi falliscono grazie all'intervento dei piccoli amici della ragazza.

Non dandosi per vinta, la malvagia matrigna si traveste allora da vecchia contadina che vende frutta, allo scopo di far mangiare a Biancaneve una mela avvelenata. Stavolta il tentativo riesce e, dopo il primo boccone, la giovane sembra morta e i nani, con grande costernazione, la mettono in una bara di cristallo posta su una collina. I fedeli amici rimangono con lei per vegliarla finché un principe di passaggio, innamoratosi delle belle sembianze di Biancaneve, insiste per portarla al suo castello per poterla ammirare tutti i giorni.

I nani, dopo molte insistenze, acconsentono alla sua richiesta ma, mentre i servitori del principe trasportano la bara, inciampano e la fanno cadere dalla collina. Durante la caduta, il boccone di mela esce dalla bocca di Biancaneve che, a quel punto, si risveglia e ricambia l'amore del principe. Vengono quindi organizzate le nozze a cui viene invitata anche la matrigna, ignara dell'identità della sposa, ma avvertita dallo specchio magico che si tratta di una donna più bella di lei. Quando la regina scopre che Biancaneve è viva, rimane impietrita e viene costretta ad indossare un paio di scarpe di ferro arroventate che, a causa del dolore, la fanno 'ballare' finché non cade a terra morta.

In un'altra versione il finale è diverso: la matrigna, giunta al castello, rimane sconvolta e tenta di fuggire, ma al re viene chiesto a gran voce di punirla. Il re, quindi, la fa richiudere, vestita di stracci, in un carcere buio, dove nessuno andrà a trovarla ad eccezione di Biancaneve, incapace di odiarla, (forse perché consapevole che la stessa sorte potrebbe riservarsi a lei).

Non è difficile individuare, nella storia di Biancaneve, il conflitto edipico che si crea tra madre e figlia ad un certo stadio dello sviluppo: il sostituire la matrigna alla madre naturale permette alla bambina di poter proiettare su di essa i sentimenti negativi che prova nei confronti della sua mamma reale.

"Mentre dal punto di vista fisiologico, i genitori creano il bambino, è l'arrivo del bambino a far sì che queste due persone diventino genitori. Così, è il bambino che crea i problemi parentali, e con questi sopravvengono i suoi propri.

In genere le fiabe cominciano quando la vita del bambino è giunta in qualche modo a un punto morto. (…)

Non appena la posizione del bambino all'interno della famiglia diventa un problema per lui o per i suoi genitori, inizia il processo della lotta del bambino per sfuggire all'esistenza triadica. Il bambino si accinge così all'impresa, spesso disperatamente solitaria, di trovare se stesso: una lotta in cui gli altri fungono da carta tornasole che facilitano o impediscono questo processo.

In Biancaneve gli anni che la fanciulla trascorre coi nani rappresentano il suo periodo di avversità, di problemi da superare, il suo periodo di sviluppo. (…)

I precedenti anni pre-edipici, completamente dipendenti, sono appena menzionati, come si può notare nella maggior parte delle fiabe. La storia tratta essenzialmente dei conflitti edipici tra madre e figlia, dell'infanzia e per finire dell'adolescenza, dando maggior risalto a ciò che costituisce una buona infanzia, e a ciò che serve per uscirne e svilupparsi." [14]

---

[14] B.Bettheim, op. cit., p.194

4. Il narcisismo materno

La matrigna, dal canto suo, può permettersi di competere con la ragazza poiché non è la sua vera madre, può invidiarne la bellezza e la gioventù perché – come matrigna- non è tenuta dalla 'natura' ad amarla. Può, quindi, considerarla solo come una rivale qualunque, non come la creatura che ha allevato.

In questo modo la saggezza popolare sposta le parti 'cattive' (l'invidia, la gelosia) su una regina malvagia che compete con la figliastra. Non a caso, nella fiaba, la vera mamma è morta: per l'adolescente in conflitto con la madre, la mamma dolce, protettiva, che identifica la propria femminilità solo nel ruolo materno e non nel suo ruolo di donna sessuata, è morta con l'infanzia.

"Le fiabe ammaestrano in modo indiretto. (...)"[15] Ci permettono di trarre le nostre conclusioni quando il momento è propizio per una migliore comprensione da parte nostra dei nostri problemi.

"Benché ci venga raccontato che la madre di Biancaneve morì alla nascita della bambina, e benché alla madre subentri una matrigna, nulla di male accade nei primi anni. La regina diventa la tipica matrigna delle fiabe soltanto dopo che Biancaneve raggiunge l'età di sette anni e comincia a maturarsi. Allora la matrigna comincia a sentirsi minacciata da Biancaneve e diventa gelosa. Il narcisismo della matrigna è dimostrato dal fatto che essa cerca di essere

---

[15] B.Bettheim, op.cit.,p.194.

rassicurata circa la propria avvenenza dallo specchio magico molto tempo prima che la bellezza di Biancaneve eclissi la sua. L'atto della regina che consulta lo specchio per conoscere il proprio valore- cioè la propria bellezza – ripete l'antico tema di Narciso. Narciso amava se stesso, a tal punto che finì inghiottito dalla propria auto ammirazione. È il genitore narcisistico quello che si sente maggiormente minacciato dalla crescita del proprio figlio, poiché essa significa che il genitore invecchia. Fintanto che il bambino è totalmente dipendente, rimane, per così dire, parte del genitore; non minaccia il narcisismo del genitore. Ma quando comincia a maturarsi ed a aspirare all'indipendenza, viene avvertito come una minaccia da questo genitore, come succede alla regina di Biancaneve.

Il narcisismo è una componente importantissima del comportamento del bambino. Egli deve gradualmente imparare a trascendere questa pericolosa forma di coinvolgimento con se stesso. La storia di Biancaneve mette in guardia contro le nefaste conseguenze del narcisismo sia per i genitori sia per il figlio. Il narcisismo di Biancaneve per poco non diventa la sua rovina quando cede due volte alle velate sollecitazioni della regina a rendere più attraente il proprio aspetto, mentre la regina è distrutta dal proprio narcisismo."[16]

Ma in che modo si lega la tematica edipica al tema del narcisismo genitoriale? Anche in questo caso, l'autore ce lo spiega in modo semplice e diretto:

"Nel normale corso degli eventi, i rapporti tra i genitori non sono minacciati dall'amore di uno dei genitori o di entrambi per i loro figli. A meno che i rapporti tra i genitori non siano decisamente cattivi, o che uno dei genitori non sia molto narcisista, la gelosia nei confronti di un bambino preferito da un genitore rimane lieve e ben controllata dall'altro genitore.

---

[16] B. Bettheim, op. cit. p. 195

Le cose sono del tutto diverse per il bambino. Per prima cosa, egli non può trovar sollievo dal tormento della gelosia in una buona relazione come quella che i suoi genitori intrattengono fra loro. In secondo luogo, tutti i bambini sono gelosi, se non dei loro genitori almeno dei privilegi di cui i genitori godono come adulti. Quando la tenera, amorevole sollecitudine del genitore dello stesso sesso non è abbastanza forte da creare legami positivi sempre più importati nel bambino edipico naturalmente geloso, così avviando il processo d'identificazione che opera contro questa gelosia, allora essa domina la vita emotiva del bambino. Dato che una matrigna (o madre) narcisista non è una figura con cui sia opportuno identificarsi, Biancaneve, se fosse una bambina reale, non potrebbe fare a meno di essere intensamente gelosa di sua madre nonché di tutti i suoi vantaggi e poteri.

Se un bambino non può permettersi di essere geloso di un genitore (cosa che rappresenta una grave minaccia alla sua sicurezza), proietta i suoi sentimenti su questo genitore. In tal caso l'idea "io sono gelosa di tutti i vantaggi e le prerogative della mamma" si trasforma nel pensiero dettato dal desiderio "la mamma è gelosa di me". Non sempre a torto, come constatano i nostri tempi di genitori adolescenti perenni. Il senso di inferiorità viene difensivamente tramutato in senso di superiorità.

Il ragazzo prepubere o adolescente può dire fra sé: "Io non competo con i miei genitori. Io sono già migliore di loro; sono loro che competono con me".

La frase dello Specchio-Biancaneve., che può dire: Biancaneve è molto più bella di voi mia Regina e il prezzo da pagare per questa affermazione è la rottura. Si, la rottura di un tipo di relazione. L'adulto diviene improvvisamente consapevole delle sue debolezze.

Purtroppo ci sono genitori che cercano di convincere i loro figli adolescenti della propria superiorità nei loro confronti. Essi possono essere effettivamente superiori a loro sotto certi punti di vista, ma per non compromettere la capacità dei loro figli di conquistarsi la loro sicurezza devono tenere questo fatto per sé. Peggio ancora, esistono dei genitori che sostengono di essere validi sotto tutti gli altri aspetti come i loro figli adolescenti: il padre che cerca di tenersi al passo con la forza giovanile e l'esuberanza sessuale di suo figlio; la madre che si sforza di sembrare giovane e seducente come la figlia nell'aspetto, nel modo di vestire e negli atteggiamenti. La storia antica come quella di Biancaneve suggerisce che deve trattarsi di un fenomeno primordiale. Ma la competizione tra un genitore e suo figlio rende la vita intollerabile sia all'uno sia all'altro. In queste condizioni il figlio vuole liberarsi o sbarazzarsi del genitore, che lo costringe a competere e a piegarsi. Il di sbarazzarsi del genitore suscita un grande senso di colpa, per quanto esso possa essere giustificato quando la situazione sia vista obiettivamente. Allora, con un rovesciamento che elimina il senso di colpa, anche questo desiderio viene proiettato sul genitore. Così nelle fiabe ci sono genitori che cercano di sbarazzarsi del loro figlio, come avviene in Biancaneve."[17]

---

[17] B. Bettelheim, op. cit. pp. 196-197

5. Lo specchio è Biancaneve?

Lo specchio, nella fiaba, ha un ruolo attivo: è uno specchio magico, che parla. E la regina, minacciata dalla crescita di Biancaneve e dalla sua bellezza, lo interroga ossessivamente: "Specchio, specchio delle mie brame, chi è la più bella del reame?"

"Non è la prima storia che parla della gelosia di una madre per la sessualità in boccio della propria figlia, e non è affatto raro che una figlia accusi dentro di sé sua madre di tale gelosia. Lo specchio magico sembra parlare con la voce di una figlia anziché con quella di una madre. La bambina pensa che sua madre sia la persona più bella del mondo, e in un primo tempo lo specchio da questo responso alla regina. Ma, così come la ragazza più grande pensa di essere molto più bella della madre, in seguito la regina ottiene dallo specchio la conferma di ciò. Una madre può rimanere sgomenta quando si osserva allo specchio; si paragona a sua figlia e pensa: "Mia figlia è più bella di me". Ma lo specchio dice: "Lei è mille volte più bella".: un'affermazione molto più simile all'esagerazione di un adolescente, da lui formulata per gonfiare i propri vantaggi e mettere a tacere la voce interiore del dubbio."[18]

Il testo di Bettelheim è stato scritto nel 1975, periodo storico in cui l'impegno politico, sociale, il senso della collettività erano molto forti e i miti narcisistici collettivi erano ancora lontani, perlomeno in Europa. Anni in cui, in linea generale, esisteva ancora un'accettazione –più o meno serena- dello scorrere del tempo,

---

[18] B. Bettelheim, op. cit., p. 199-200

del ricambio generazionale, dell'inevitabilità dell'invecchiare.

Tuttavia dagli U.S.A., 'laboratorio' da cui noi europei prima o poi importiamo non solo cibi , cinema e rockstar, ma anche comportamenti e tendenze, il sociologo Christopher Lash lanciava un grido d'allarme col suo testo La cultura del narcisismo, in cui analizzava le pericolose derive collettive ed individuali, verso cui la società stava velocemente precipitando. Sarebbe interessante, se Bettelheim fosse ancora vivo, conoscere la sua opinione sulle generazioni che, ormai sempre più precocemente, ricorrono alla chirurgia estetica per essere più attraenti ma, soprattutto, per apparire più giovani.

A questo proposito, scriveva Larsch:

"Se la nostra epoca è tanto terrorizzata dalla vecchiaia e dalla morte, deve esistere una qualche predisposizione interiore a provare sentimenti di questo genere, che rispecchiano non soltanto variazioni obiettive dello stato sociale degli anziani

*ma anche esperienze soggettive che rendono la
prospettiva della vecchiaia insopportabile. "*
*"La paura della vecchiaia può essere il frutto di una
valutazione razionale e realistica del destino che una
società industriale avanzata riserva agli anziani; ma
affonda le sue radici nel panico irrazionale. "*

L'indizio più evidente che ne rivela inequivocabilmente l'esistenza è il suo manifestarsi con tanto anticipo nella vita delle persone. Uomini e donne cominciano ad aver paura di invecchiare ancora prima di aver raggiunto la mezza età. La cosiddetta crisi dell'età di mezzo corrisponde alla scoperta che la vecchiaia incombe dietro l'angolo. Per gli americani il quarantesimo compleanno è l'inizio della fine. Anche gli anni migliori della vita finiscono in questo modo con l'essere oscurati dalla paura di ciò che si staglia dinanzi a noi.

Questo terrore irrazionale della vecchiaia e della morte è intimamente collegato all'emergere della personalità narcisistica nella società contemporanea."[19]

Sarebbe interessante sapere in che modo l'attuale rincorsa all'eterna giovinezza influisca nei rapporti genitori-figli, se ne inasprisce i conflitti o, al contrario, crea superficiali complicità.

Esiste infatti una dinamica, inevitabile, che porta i figli ad identificarsi col genitore del proprio sesso per poi, più tardi, metterne in discussione l'autorevolezza, le idee, la personalità.

D'altro lato, molto spesso i genitori tendono a dimenticare la loro gioventù in relazione ai rapporti coi genitori, a mettere in discussione le ragioni, i sentimenti, i comportamenti dei figli.

Un vecchio, saggio detto popolare recita, a proposito delle generazioni: *"Quel che sei io ero, quel che sono tu sarai"*, come a dire che la

---

[19] Christopher Lash, La cultura del narcisismo, Milano, Bompiani, 1981, p. 233

persona più anziana fa 'da specchio ' e rappresenta ciò che il giovane diventerà, mentre quest'ultimo rimanda all'immagine che un tempo l'anziano fu.

Tuttavia questa dinamica è sempre più difficile da riconoscere ed accettare.

Anche nella mia esperienza personale rimasi colpita, durante una conversazione da salotto, nel sentire un amico cinquantenne criticare i ragazzi d'oggi ed il loro atteggiamento nei confronti dei genitori. Io sbottai con un: "Bravo! Hai fatto bene a non aver avuto figli per scelta, come dici tu, così ti sei risparmiato il magico momento in cui tuo figlio ti dice che sei vecchio e non capisci un *cavolo*!".

Ricordo che l'amico ci rimase molto male e mi fulminò con lo sguardo. Probabilmente stava provando ciò che prova la Regina di Biancaneve alla risposta negativa dello specchio.

Continuai dicendogli che anche noi, a nostra volta, abbiamo detto con termini più o meno simili la stessa frase ai nostri genitori. A quel punto ridimensionò i fulmini che mi stava per inviare, dandomi ragione.

Paragonai quel momento a molti momenti che nel corso delle nostre vite attraversiamo come "Specchio" o come "Regina".

Specchio è l'*allievo* che a un certo punto dice al "Maestro" che non è più adeguato ai tempi del giovane e "Regina" è il *maestro* che riceve tale dichiarazione.

La sfida e la rivincita, l'accettazione o la rielaborazione di questo cruciale passaggio di crescita e generazionale. Quindi Edipo e il famoso complesso ritornano con una veste diversa: non soltanto conflitto per la conquista del genitore del sesso opposto, ma anche lotta transgenerazionale per la supremazia.

Ora, se un adulto –per esperienza, studi, sapere, saggezza- è, spesso più 'dotato' di un adolescente, è evidente che, sul piano della prestanza fisica, della 'perfezione' che solo un corpo non intaccato dagli anni e dalle esperienze può avere, la lotta diventa, oltre che impari, patetica.

E lo specchio non potrà che dare una risposta deludente.

6. Lo specchio della Bestia

Laura degli specchi

Laura vive guardando se stessa
la vita in rosa
in una casa tutta di specchi
lei si è rinchiusa
e non ha pensieri
non ha mai giorni neri
non conosce veri amori mai.

Laura è così perché è stata ferita
un gabbiano in volo
proprio da chi l'aveva capita
per un attimo solo
e lui l'aveva usata
e poi l'aveva gettata via
e non è più volata via.

E da allora canta sempre

la stessa melodia
una canzone d'amore in la minore
che è la nota della malinconia.
E da allora canta sempre
la stessa melodia
una canzone damore che la fa sognare
che qualcuno se la porti via.

Un giorno un poeta si trovava a passare
e la sentì cantare
in quella casa tutta di specchi
cercò di entrare
ma non ceran porte, né finestre aperte
però da qualche parte un sistema ci sarà
e lui lo troverà.

Con una tromba tutta d'oro
tu troverai la chiave del tesoro
con un accordo in la maggiore
tu spezzerai l'incanto del suo cuore..
Alice, Azimut [20]

---

[20] Laura degli specchi di Eugenio Finardi; in Alice, Azimut, 1982, EMI.

Il tema dello specchio, anche se accennato, è presente anche ne La Bella e la Bestia, fiaba che:

"appare in molte altre culture in varie forme. Aarne-Thompson conta 179 racconti di diversi paesi con un tema simile"[21].

Tra le versioni più conosciute della fiaba vi sono quelle di Jeanne-Marie Leprince de Beaumont, di Gabrielle-Suzanne Barbot de Villeneuve, dell'italiano Carlo Collodi e, in lingua napoletana, ne esiste una versione anche nel Pentamerone di Giambattista Basile, opera del 1600 nota anche col titolo Lo cunto de li cunti.

Qui riportiamo la versione di Jeanne-Marie Leprince de Beaumont:

---

[21] Wikipedia, La bella e la bestia (fiaba)
http://it.wikipedia.org/wiki/La_bella_e_la_bestia_(fiaba)

C'era un ricco mercante che aveva tre figlie, le due maggiori erano cattive, mentre la minore era gentile e di buon cuore oltre che bellissima, per questo la chiamavano Bella. Le due sorelle maggiori ambivano a sposare due nobili quindi rifiutavano sempre i pretendenti che si facevano avanti per chiedere la loro mano; Bella, invece, si dimostrava amichevole con i suoi pretendenti anche se declinava sempre le loro proposte di matrimonio.

Un giorno il mercante perse tutte le sue ricchezze e così la famiglia fu costretta a trasferirsi altrove. Tempo dopo il mercante venne a sapere che una delle navi era riuscita ad arrivare al porto e allora, fiducioso di poter tornare all'antica ricchezza, decise di tornare in città; prima di avviarsi chiese ad ognuna delle figlie cosa desiderassero in dono: le due maggiori chiesero gioielli e abiti costosi, mentre Bella chiese una rosa. Purtroppo, giunto in città, il mercante ebbe un'amara sorpresa: tutto il carico della nave era stato venduto per pagare i suoi debiti e non rimaneva più nulla.

Sconsolato, decise di tornare a casa ma durante il viaggio fu colto da una bufera di neve e trovò riparo in un misterioso castello .La tenuta era ordinata ma pareva essere disabitata, ad un certo punto il mercante notò che il giardino era rigoglioso e che c'erano delle rose bellissime, pertanto decise di sceglierne una da portare a Bella. A quel punto si palesò il padrone del castello: un'orribile Bestia; la creatura gli rimproverò di aver ripagato la sua gentile ospitalità derubandolo e infine gli disse che doveva morire a causa della sua colpa. Il mercante tentò di spiegargli che voleva prendere la rosa per donarla alla sua bella figlia ma la Bestia non volle sentire ragioni: gli concedeva di andare a prendere la figlia e di portarla al castello al suo posto, altrimenti sarebbe dovuto tornare entro tre mesi per saldare il suo debito.

Recando con sé il baule colmo di ricchezze donatogli dalla Bestia, il mercante fece ritorno a casa desideroso di salutare le figlie per l'ultima volta, lì raccontò alle ragazze l'accaduto e Bella, pensando di essere la causa della sfortuna del padre, decise di andare al castello al posto suo, per la felicità delle odiose sorelle che si liberarono di lei. Bella e il padre tornarono al castello, a quel punto la Bestia concesse la libertà al mercante dicendogli di non tornare mai più. La creatura trattava Bella con gentilezza, non le faceva mancare nulla e l'aveva ricoperta di ricchezze; le aveva persino regalato uno specchio magico grazie al quale la ragazza poteva vedere la sua famiglia.

La Bestia ogni sera chiedeva a Bella di sposarlo ma lei preferiva rispondergli che sarebbe stata sempre sua amica. Tempo dopo, proprio grazie allo specchio magico, Bella scoprì che il padre era ammalato e così chiese alla Bestia il permesso di andare da lui per assisterlo, la creatura le concesse di partire ma a patto che tornasse entro una settimana altrimenti il dolore l'avrebbe ucciso.

Così Bella tornò a casa e fu grande la gioia e la sorpresa del padre nel vederla viva; le due sorelle si erano sposate ma erano infelici e nel vedere la ragazza in abiti eleganti e serena, invidiose di lei, complottarono: passata una settimana, quando fu il momento per Bella di tornare al castello, le due finsero di essere disperate alla prospettiva di separarsi dalla sorella e così la giovane decise di trattenersi qualche giorno in più, anche se ben presto iniziò a sentire il rimorso per non aver rispettato la promessa. Decisa a tornare al castello, trovò la Bestia in fin di vita a causa del dolore e allora Bella gli disse che voleva sposarlo, dopo aver pronunciato quelle parole la Bestia tramutò il suo aspetto diventando un bellissimo principe: l'incantesimo che gli aveva lanciato tempo addietro una strega era stato spezzato, incantesimo che si sarebbe potuto spezzare solo qualora una ragazza avesse acconsentito a sposare la Bestia.

Bella e il principe vissero per sempre felici e contenti, accogliendo anche il padre di lei, mentre le due perfide sorelle furono tramutate in statue affinché si pentissero delle loro azioni malvagie.

Bettelheim ed altri autori puntano l'attenzione soprattutto sulle implicazioni edipiche e sessuali della storia: Bella che ha un forte legame col padre, al punto di accettare di essere prigioniera al posto suo; il senso di ripugnanza e paura con cui, nelle fasi di latenza, può essere vissuta la sessualità; gli elementi sessuali percepiti come bestiali e/o violenti.

" *Nonostante il titolo, non c'è niente di così bestiale nella fiaba della Bella e la Bestia. Il padre della Bella è minacciato dalla bestia, ma si capisce fin dall'inizio che è una minaccia vana, intesa a ottenere prima di tutto la compagnia della Bella e alla fine il suo amore, e con esso la liberazione da sembianze animalesche. In questa storia tutto è gentilezza e reciprocità di amore e di dedizione da parte dei tre personaggi principali: la bella, suo padre e la bestia. Crudele e distruttivo come l'amore edipico di Afrodite per suo figlio (...) l'amore edipico della bella per suo padre, quando è trasferito al suo futuro marito, è meravigliosamente salutare (...).*"

Le esigenze della bestia si scontrano con l'amore della Bella per il padre, ed essa abbandona la bestia per assistere il genitore. Ma poi si rende conto di quanto ami la Bestia: un simbolo dell'allentamento dei suoi legami col padre e del trasferimento del suo amore alla Bestia. Soltanto dopo che la bella decide di lasciare la casa di suo padre per ricongiungersi con la Bestia – cioè dopo aver risolto i suoi legami edipici con suo padre- il sesso, che prima era ripugnante, diventa meraviglioso.

"Questo anticipa di secoli la concezione freudiana secondo cui il sesso deve essere percepito dal bambino come disgustoso fintanto che i suoi desideri sessuali sono fissati sul suo genitore, perché soltanto mediante un atteggiamento negativo verso il sesso il tabù dell'incesto, unitamente alla stabilità della famiglia umana, può essere al sicuro."[22]

Tuttavia la fiaba nasconde anche forti tematiche narcisistiche che anche Bettelheim, come vedremo, rileva.

_____

[22] B. Bettelheim, op. cit., pp. 291, 295.

A mettere in evidenza questo tema e, anzi, a farne sostanzialmente il fulcro della storia, è la versione cinematografica della fiaba prodotta dalla Disney , il cartone animato La Bella e la Bestia (Beauty and the Beast, 1991, per la regia di Trousdale e Wise .

Il lungometraggio si apre con un prologo che ci svela il motivo per cui il principe è stato trasformato in Bestia: una fata travestita da vecchia mendicante gli aveva offerto una rosa rossa in cambio di ospitalità per la notte ma il principe la allontanò in malo modo a causa della sua bruttezza. La fata lo avvertì di non lasciarsi ingannare dalle apparenze, perché la vera bellezza si trova nel cuore. Lui la respinse di nuovo e in quel momento la bruttezza della mendicante si dissolse ed apparve una bellissima fata. Il principe si scusò, ma era troppo tardi perché lei ormai aveva visto che non c'era amore nel suo cuore e per punirlo lo trasformò in una orrenda bestia e gettò un incantesimo sul castello e tutti i suoi abitanti. Vergognandosi del suo aspetto mostruoso, la bestia si nascose nel castello, con uno specchio magico come unica finestra sul mondo esterno. La rosa che gli aveva offerto la fata era davvero una rosa incantata. E sarebbe rimasta fiorita finché il principe avesse compiuto ventun anni. Se avesse imparato ad amare e a farsi amare a sua volta prima che fosse caduto l'ultimo petalo, l'incantesimo si sarebbe spezzato. In caso contrario, sarebbe rimasta una bestia per sempre. Con il passare degli anni il principe cadde in preda allo sconforto e perse ogni speranza. Chi avrebbe mai potuto amare una bestia?"[23]

La Bestia, quindi, simboleggia il narcisista patologico che è incapace di amare, che si ferma alle apparenze, che si chiude in se stesso in una solitudine solipsistica.

Bettelheim rileva una componente narcisistica anche nella Bella:

---

[23] Citazione tratta dal prologo del film.

"Il palazzo della Bestia dove tutti i desideri della bella sono immediatamente soddisfatti (...) è una fantasia narcisistica tipicamente accarezzata dai bambini. È raro il bambino che a un certo momento non abbia desiderato un'esistenza in cui nulla gli fosse richiesto e tutti i suoi desideri fossero soddisfatti non appena espressi. La fiaba dice che una vita del genere, lungi dall'essere soddisfacente, diventa ben presto vuota e noiosa: a tal punto che la Bella finisce coll'aspettare con impazienza le visite serali della Bestia, che in precedenza temeva."[24]

Tuttavia anche la Bestia vive in una dimensione magica, dove tutti i suoi desideri- escluso il più importante, quello di essere amato e di amare- sono soddisfatti, ma questo non le procura alcuna felicità.

Lo specchio magico della Bestia ha qui una funzione importante: non serve per specchiarsi, ma per vedere il mondo esterno. Rappresenta, quindi, un principio di realtà. Una realtà che è anche affettiva, giacché è tramite lo

---

[24] B. Bettelheim, op. cit., p. 294

specchio che la Bella apprende della malattia del padre ed è sempre attraverso lo specchio – nel film- che Belle potrà mostrare agli increduli abitanti del suo paese che la Bestia esiste veramente. I suoi compaesani, infatti, guidati da Gaston, spasimante arrogante e rifiutato di Belle, avevano rinchiuso suo padre in manicomio, non credendo all'esistenza della Bestia di cui lui parlava.

Altro elemento interessante è che la Bestia usi lo specchio non per vedersi: il narcisista, infatti, come vedremo più avanti, ha forti problemi di identità, problemi che cerca di risolvere fortificando le apparenze a scapito dell'Io.

Questo si riallaccia anche allo specchio in cui il vampiro non può vedere la propria immagine: se esiste la perfetta metafora letteraria del narcisismo, questa è da ricercarsi proprio nella figura del vampiro.

CAPITOLO 2

Lo specchio nei miti

« Il mito è un testo sacro; riferisce un avvenimento che ha avuto luogo nel tempo primordiale, il tempo favoloso delle origini [...] È dunque sempre il racconto di una "creazione": si narra come qualcosa è stato prodotto, come ha cominciato a essere »
(Mircea Eliade, Aspects du Mythe)

1.Narciso e lo specchio dell'acqua

Il mito di Narciso è forse quello in cui lo specchio-non specchio ha la funzione più importante nonché nefasta.

È notevole che lo specchio abbia una funzione opposta in due figure mitologiche come quella di Narciso e del Vampiro: specchio dell'acqua che riflette ed innamora, specchio che non può riflettere il volto, rimandare alla propria identità.

Così aveva profetizzato il veggente Tiresia a Liriope, l'azzurra ninfa madre di Narciso che l'aveva consultato.

Narciso, crescendo divenne un ragazzo bellissimo, ma rimase indifferente alle attenzioni ed ai corteggiamenti di giovani d'ambo i sessi, che numerosi s'innamorarono di lui e che egli rifiutò. La ninfa Eco, condannata a non poter mai parlare per prima, ma a ripetere solo le parole degli altri, s'innamorò perdutamente di lui che la respinse con determinazione. Aminio, invaghitosi di Narciso, rimase ferito dall'indifferenza che il suo amato ostentava e, dopo aver invocato gli dei d'essere vendicato, si uccise sulla soglia della sua casa. La dea Nemesi, che personificava la vendetta divina, si prese il compito di far pagare a Narciso la sua incapacità d'amare. Guidò il giovane che non si era mai specchiato nei pressi di una fonte ed egli, vedendosi riflesso nell'acqua per la prima volta, s'innamorò perdutamente della sua immagine. Posto nella condizione di non poter raggiungere l'oggetto del desiderio, nella situazione paradossale dell'averlo troppo vicino e tuttavia inaccessibile, logorato dall'impossibile amore, si uccise, piantandosi la spada nel cuore: dal suo sangue nacque un fiore bianco e rosso, il narciso."[25]

Da questo mito, la cui versione più recente ci è stata trasmessa da Ovidio ne Le metamorfosi[26], la nostra cultura ha mutuato il termine 'narcisismo' per identificare un atteggiamento, una funzione psichica e uno specifico disturbo della personalità.

In altre versioni del mito, Narciso annega nel tentativo di raggiungersi ma, quali che siano le differenze tra una versione e l'altra, il racconto già contiene in sé gli elementi principali che caratterizzano la patologia.

---

[25] Antonio Alberto Semi, Il narcisismo, Bologna, Il Mulino, 2007, p 14-16.

[26] Publio Ovidio Nasone, Le metamorfosi, Milano, Rizzoli, 1994.

2. Il mito e il significato.

A proposito della creazione dei miti, in una sua famosa opera intitolata Le grandi correnti della mistica ebraica (1957), Gershom Scholem racconta una vicenda illuminante e la seguente storia:

"Mi sarà consentito – scrive Scholem – concludere le mie considerazioni con una [...] storia che raccontavano i chassidim e che sta ad indicare lo svolgimento del chassidismo stesso. Eccola così come l'ho sentita raccontare dalla viva voce del grande narratore ebreo S.J. Agnon. «Quando Bàal-Shem doveva assolvere un qualche compito difficile, qualcosa di segreto per il bene delle

creature, andava allora in un posto nei boschi, accendeva un fuoco, e diceva preghiere, assorto nella meditazione: e tutto si realizzava secondo il suo proposito. Quando, una generazione dopo, il Maggìd di Meseritz si ritrovava di fronte allo stesso compito, riandava in quel posto nel bosco, e diceva: "Non possiamo più fare il fuoco, ma possiamo dire le preghiere" – e tutto andava secondo il suo desiderio. Ancora una generazione dopo, Rabbì Moshè Leib di Sassow doveva assolvere lo stesso compito. Anch'egli andava nel bosco, e diceva: "Non possiamo più accendere il fuoco, e non conosciamo più le segrete meditazioni che vivificano la preghiera; ma conosciamo il posto nel bosco, dove tutto ciò accadeva, e questo deve bastare". E infatti ciò era sufficiente. Ma quando di nuovo, un'altra generazione dopo, Rabbì Ysra'èl di Rischin doveva anch'egli affrontare lo stesso compito, se ne stava seduto in una sedia d'oro, nel suo castello, e diceva: "Non possiamo fare il fuoco, non possiamo dire le preghiere, e non conosciamo più il luogo del bosco: ma di tutto questo possiamo raccontare la storia"».

«E – così prosegue il narratore – il suo racconto da solo aveva la stessa efficacia delle azioni degli altri tre»[27]

Perché, infine, che cosa ci vuol dire il ? Che vicenda umana rappresenta?

Per esempio qui potremmo azzardare, da un punto di vista antropologico, che la vicenda umana rappresentata sia quella del passaggio dal mondo della caccia (Narciso è un cacciatore) e della raccolta a quello della coltivazione, dell'agricoltura: man mano che si sedentarizzano, i nostri antenati scoprono che la terra va coltivata, curata, ripulita, fertilizzata, arata e così via. E scoprono che certe

27 Gershom Scholem, Le grandi correnti della mistica ebraica, Torino, Einaudi, 1993 p.25

operazioni vanno fatte in certi tempi. E che certe piante costituiscono degli indicatori del passaggio delle stagioni. Per esempio il narciso anticipa l'arrivo della primavera. In un universo regolato – e l'attività osservativa è scientifica proprio perché cerca di introdurre un ordine nella natura altrimenti incomprensibile – il narciso ha un suo significato di segnale: se non hai fatto certi lavori nei campi prima che spuntino i narcisi, non puoi più farli, perché danneggi il campo.

L'archetipo, dice Jung, è un vaso che non si può svuotare, né riempire, mai completamente.

"Nessun archetipo si riduce a semplici formule. Essi si possono descrivere solo approssimativamente. Il loro senso vivo risulta più dall'insieme della descrizione che non dalle singole formulazioni. Per se stesso esiste solo in potenza, e quando prende forma in una determinata materia, esso non è più lo stesso che era stato prima. Esso persiste attraverso i millenni ed esige tuttavia sempre nuove interpretazioni. Sono elementi incrollabili dell'inconscio, ma cambiano forma continuamente."

Isolarli dal vivo tessuto dell'anima è un compito quasi disperato, tuttavia gli archetipi, nonostante il loro stato di fusione, sono delle unità intuitive.

La psicologia traduce il linguaggio arcaico del mito in un mitologema moderno, non riconosciuto per tale che costituisce un elemento del mito "scienza". Quest'attività "disperata" è mito *vivo* e *vissuto* e perciò soddisfacente per le persone di temperamento adatto, anzi può essere salutare ove queste fossero staccate, per qualche dissociazione nevrotica, dalle proprie basi psichiche."[28]

---

[28] Carl G. Jung Kàroly Kerenyi, Prolegomeni allo studio scientifico della mitologia, Torino, Bollati Boringhieri, 1972, p 27-29

Jung parla di doppia identificazione dell'archetipo una l'opposto dell'altra. Se si manifesta la convinzione sproporzionata di essere qualcosa speciale in una prima identificazione, nella seconda, inconscia, si annida l'opposto, si ritiene di non valere nulla. Eroe o martire eroico. Il mito riesce, invece, ad aggirare lo scoglio della seconda identificazione, si è in grado di distinguere nettamente lo svolgimento inconscio e di osservare quest'ultimo in modo "disincantato". Ciò produce lo spostamento del centro della personalità dall'Io al Sé.

Nel mito s'inseriscono i motivi dell'essere inizio e fine, come le tante categorie distinte dell'esperienza e della conoscenza."

3 . Eco, lo specchio acustico

"[...] Per secoli le donne sono state gli specchi magici e deliziosi in cui si rifletteva la figura dell'uomo, raddoppiata. [...] Qualunque sia il loro uso nelle società civilizzate, questi specchi sono indispensabili ad ogni azione violenta ed eroica. [...]se la donna comincia a dire la verità, la figura nello specchio rimpicciolisce; l'uomo diventa meno adatto alla vita. Come potrebbe continuare a giudicare, a civilizzare gli indigeni, a legiferare, a scrivere libri, a indossare il tight e a pronunciare discorsi nei banchetti, se non fosse più in grado di vedersi riflesso, a colazione e a pranzo, almeno due volte più grande di quanto veramente sia? [...] La visione dello specchio è per loro immensamente importante, perché carica la loro vitalità [...]. Se gliela togliete, l'uomo può morire [...]."La visione dello specchio è per loro immensamente importante, perché carica la loro vitalità; stimola il loro sistema nervoso.

[29] Virginia Woolf, Una stanza tutta per sé, in Romanzi e altro, Mondatori,Milano, 1978, pp. 715-833.

Anche se il suo ruolo finisce per essere dimenticato, Eco ha un'importante funzione, nella vicenda di Narciso, come bene illustra Marina Mizzau:

"Nel mito, Narciso ama sé stesso. L'unica cosa che lo attrae è la propria immagine riflessa nello stagno, e vi annegherà nel vano tentativo di possedere se stesso. Come nota Juliet Mitchell (1974,p.35)[30], molti, Freud compreso, tendono a tralasciare la parte che ha Eco nel mito. Eco ama Narciso, trasformato in fiore dopo la sua morte. Eco, condannata da Giunone, per il suo eccesso di loquacità, a parlare solo come replica di un altro, è relegata al silenzio. Non può parlare autonomamente, e l'unico essere con cui desidera intrecciare il discorso (ma può farlo solo come "eco") è

---

[30] L'autrice rimanda a Juliett Mitchell, Psicoanalisi e femminismo, Torino, Einaudi, 1976.

Narciso che ama. Ma Narciso, che ama solo se stesso, non le rivolge mai la parola.

Entrambi sono condannati all'infrasoggettività muta. Se Narciso potesse dimenticare sé stesso e rivolgere la parola a Eco, Eco potrebbe parlare. Ma anche, se Eco potesse parlare di propria iniziativa, forse Narciso potrebbe uscire da sé stesso per risponderle.

Parità di responsabilità, circolarità di causa-effetto?

Forse sì, anche se la chiusura egocentrica di Narciso è primaria, mentre Eco, che in origine sapeva parlare di sua iniziativa, per questa sua stessa colpa è condannata alla parola passiva."[31]

---

[31] Marina Mizzau, Eco e Narciso, parole e silenzi nel conflitto uomo-donna, Torino, Boringhieri, 1979, pp. 18-19.

L'autrice, in sostanza, allude alla possibilità che Narciso avrebbe potuto evitare la propria tragedia se Eco fosse stata in grado di parlargli autonomamente. Se, per esempio, Eco avesse potuto dire 'ti amo', forse Narciso avrebbe potuto distogliere l'attenzione da se stesso e ricambiare il suo amore. Tuttavia, come la stessa Mizzau specifica, 'la chiusura di Narciso è primaria' e, in quanto tale, assai difficile da risolvere.

Rimanendo sul tema mitologico e dello specchio, ci si chiede come mai il mito punisce in maniera così drastica ambedue i protagonisti. Leggiamo cosa scrive a questo proposito Semi:

"Innanzitutto c'è una coppia singolare: Giove e Giunone. Dalla loro vicenda matrimoniale nasce tutto l'intrigo. La ninfa Eco viene punita da Giunone perché le sue parole servono a nascondere la realtà: d'ora in poi riferirà solo le parole altrui ma – si noti – in modo parziale e tale da favorire degli equivoci.

Eco diventa l'immagine di uno specchio sonoro.

Tiresia viene punito da Giunone perché ha preso troppo sul serio l'interrogativo che gli è stato rivolto: non ha visto la realtà (del gioco di coppia) e non potrà più vederne alcuna. E il dono di Giove (la chiaroveggenza) non compenserà certo la cecità materiale.

Narciso, infine, apparentemente – ai nostri occhi datati XXI secolo – non ha commesso alcuna colpa tale da attirargli le ire divine ma nell'ottica classica ne ha commessa una enorme: ha infranto la regola di comportamento che vuole una reciprocità ed una risposta positiva da parte del corteggiato. Strana regola, a ben guardare, eppure psicologicamente ben fondata: se una persona prova un sentimento di amore per un'altra e riceve in cambio un sentimento dello stesso tipo tutto va bene, mentre se riceve in cambio indifferenza o odio, si sentirà ferita. Dunque il non contraccambiare costituisce un male ed un disordine. Perciò, se la persona non amata chiederà l'intervento degli dei, verrà ascoltata perché chiede il ripristino dell'ordine – e lo richiede, si badi, seguendo la regola della reciprocità: mi fa male, che provi il male.

Non sarà Eco a maledire Narciso – anche perché Eco non può parlare da sé – ma un corteggiatore snobbato che, alzando le braccia al cielo, ne chiede la condanna.

Ovidio affida l'esecuzione di questa condanna – per sottolinearne la irrevocabilità – a Nemesi, la dea implacabile per antonomasia. E come è un maschio innamorato a maledirlo, così sarà un maschio – lui stesso – a perderlo. In più, ovviamente, c'è il problema dello specchio, in questo caso visivo. Segnalo qui che nel testo di Ovidio il problema dello specchio visivo è posteriore a quello dello specchio acustico (che è il problema di Eco).

Narciso si rispecchia nell'acqua della sorgente e quando scoprirà l'enigma dello specchio, quando comprenderà di essere lui.

Apparentemente – ai nostri occhi datati XXI secolo – non ha commesso alcuna colpa tale da attirargli le ire divine ma nell'ottica classica ne ha commessa una enorme: ha infranto la regola di comportamento che vuole una reciprocità ed una risposta positiva da parte del corteggiato. Strana regola, a ben guardare, eppure psicologicamente ben fondata: se una persona prova un sentimento di amore per un'altra e riceve in cambio un sentimento dello stesso tipo tutto va bene, mentre se riceve in cambio indifferenza o odio, si sentirà ferita.

Narciso stesso riflesso dalla superficie dell'acqua, avvertirà il dramma suo e di tutti coloro per i quali l'altro non esiste. Dunque anche lo specchio visivo inganna o confonde. Verrebbe da chiedersi quale inquietudine avesse spinto Liriope ad interpellare Tiresia, quale gioco di rispecchiamento tra madre e bambino fosse accaduto, quale impossibilità di tollerare che il figlio diventasse l'oggetto d'amore di un altro fosse all'opera?

Ma questi sono tutti interrogativi che ci facciamo noi, oggi. Ovidio accenna solo. Però per noi è importante anche ricordare che gli specchi antichi non erano così limpidi come i nostri attuali e che, nell'antichità classica, sovente si riteneva che lo specchio «portasse male» e che il rispecchiarsi – anche nel sogno, come afferma Artemidoro – annunciasse la morte propria o di qualche parente: lo specchio aveva a che fare con il malocchio. Del resto anche oggigiorno i superstiziosi di numerose regioni italiane ritengono che rompere uno specchio «porti male». Insomma, è opportuno tener presente che – comunque – lo specchio rimane un oggetto inquietante e problematico, sul quale l'umanità si interroga sia a livello pratico («sono proprio così brutto?») sia a livello teorico (lo stadio dello specchio di Lacan) o a livello interiore: «specchio, specchio delle mie brame, chi è la più bella del reame?» chiede la regina della fiaba di Biancaneve. E la brama della regina è quella di essere la più bella, cioè che lo specchio le rimandi un'immagine di cui essere assolutamente fiera e innamorata.

Uno specchio visivo per Narciso, uno acustico per Eco.

Osserviamo tuttavia che, in entrambi i casi, il mito parla – e non potrebbe fare altrimenti – di elementi coscienti.

Dal punto di vista psicoanalitico, proprio questa è una delle funzioni principali del mito: consentire di rappresentare coscientemente, proiettandolo su un mondo esterno, un contenuto psichico che altrimenti non potrebbe essere accettato dalla coscienza.

L'esempio classico è quello di Laio e di Edipo: nessun padre e nessun figlio accetterebbero tranquillamente di coltivare desideri omicidi nei riguardi rispettivamente del figlio o del padre, mentre la formulazione mitica – tanto più quando viene espressa nelle forme teatrali della tragedia greca – consente di pensare coscientemente a questa possibilità.

Certo, si tratta di pensieri che vengono attribuiti all'esterno, a qualcun altro: ma questo qualcun altro, se volete, è il nostro inconscio. Anche per quanto riguarda Narciso il mito assolve a questa funzione che potremmo chiamare di «svelamento mascherato» e il successo del mito di Narciso è certamente anche dovuto al fatto che svela – ma non facendocene sentire protagonisti – una nostra componente.

Una differenza tra la formulazione mitica e quella scientifica di un determinato contenuto psichico è che la scienza non può permettersi di collocare in un «altrove» o in un altro tempo il fenomeno che studia. Deve dire dove si colloca, come si svolge, che cosa implica per la persona nella quale si svolge."[32]

---

[32] A. A. Semi, op. cit., p. 26

4. Narcisismo e pulsioni

Il sogno di beatitudine nella solitudine è infranto dall'esigenza di intrattenere rapporti sessuali, affettivi. L'Eros interferisce con l'autosufficienza narcisistica:

"Gli stimoli interni (espressione delle pulsioni) costituiscono i bisogni. L'ipotesi di base è che l'apparato psichico serva innanzitutto a padroneggiare gli stimoli, che l'aumento di questi produca dispiacere e la loro diminuzione piacere e che, attribuendo una intenzionalità all'apparato, si potrebbe dire – con le parole di Freud – che questo «vorrebbe, sol che ciò fosse possibile, serbare uno stato del tutto esente da stimoli». Come si vede, alla base, esiste una istanza narcisistica (nel senso del narcisismo primario) che consiste nel poter rimanere in uno stato di quiete soddisfatta. Quando Freud elaborò questo concetto di pulsione, era ancora abbastanza «dualista», cioè tendeva a distinguere tra corpo e apparato psichico: perciò ipotizzava che le pulsioni fossero «un concetto limite tra lo psichico e il somatico, come il rappresentante psichico degli stimoli che traggono origine dall'interno del corpo e pervengono alla psiche, come una misura delle operazioni che vengono richieste alla sfera psichica in forza della sua connessione con quella corporea». Non è qui il caso di discutere il concetto di pulsione e in particolare l'origine degli stimoli pulsionali. Quel che è importante, invece, è tener presente le caratteristiche di questi stimoli. Essi sono di per sé continui (se non interviene la soddisfazione, la fame non si interrompe, ad esempio) e chiedono un'azione sulla realtà esterna (ad esempio la ricerca del cibo) per essere attenuati o almeno transitoriamente annullati (poi, la fame riprenderà). Ora, una parte di questi stimoli acquista, nella vita dell'essere umano, hanno un'importanza del tutto particolare: si tratta degli stimoli sessuali. L'essere umano impara ben presto – appoggiandosi alle prime esperienze – che la soddisfazione del bisogno (ad esempio la fame) non solo calma quello stimolo ma anche un altro dapprima indistinto e che quest'altro può essere disgiunto dal primo fino ad autonomizzarsi totalmente. Il seno calma la fame ma il succhiare provoca anche un altro piacere e quest'altro piacere può essere riprodotto succhiando il pollice. La pulsione sessuale, allora, si manifesta come autonoma rispetto agli altri bisogni e, per di più, come una sorta di lavoro psichico continuo che tende ad una unificazione ma che attraversa molte e diverse fasi prima di raggiungere questo scopo, peraltro sempre rinegoziabile e riequilibrabile. Dal punto di vista della specie, la pulsione sessuale tende alla sua conservazione ponendosi al servizio della funzione riproduttiva ma, proprio in quanto essa è al servizio della specie, si configura come metaindividuale. Dal punto di vista dell'individuo, invece, essa rimane sempre collegata all'ottenimento dello specifico piacere sessuale. La storia dell'umanità ci mostra quanto la divaricazione dei due scopi – della specie e dell'individuo –sia sempre stata osservata e come essa sia stata sempre soggetta a norme, divieti, prescrizioni di tutti i generi. E la storia dell'individuo ci mostra come la divaricazione tra gli scopi della specie e quelli dell'individuo sia la realtà e come l'unificazione della pulsione sessuale e della sua meta (il piacere) con la meta della funzione riproduttiva non sempre venga raggiunta né sia necessaria, dal punto di vista dell'individuo. Si tratta, piuttosto, di una convergenza possibile. Ma, prima che questa convergenza sia possibile e che l'unificazione eventualmente si realizzi, come si avverte e come si manifesta la pulsione sessuale? Qui, è interessante ricordare come la psicoanalisi abbia scoperto una serie di situazioni precedenti l'unificazione e come queste abbiano in comune il fatto di riguardare parti del corpo, in particolare zone cutaneo-mucose. Si tratta delle famose «fasi» dello sviluppo psicosessuale, descritte ad esempio da

Freud nei Tre saggi sulla teoria sessuale (1905). Benché, in senso stretto, tutto il corpo possa essere una zona erogena, ci sono alcune aree corporee che sono – di fatto – particolarmente idonee allo scopo sia perché legate ad altre funzioni (appoggiandosi alle quali si sviluppa l'erogeneità della zona), sia perché dotate di una particolare sensibilità. Le zone più «predestinate» sono così quella orale, quella anale, quella uretro-genitale e i capezzoli. Esistono fasi dello sviluppo psicosessuale caratterizzate dalla centralità dell'esperienza autoerotica legata ad una di queste aree: perciò si parla di fase orale, anale, uretrale, fallica. È importante osservare che questa scoperta ha molto a che fare con il narcisismo, proprio perché in queste fasi l'individuo ama una parte di se stesso, dalla quale e con la quale trae piacere sessuale. Ma è esatto descrivere in tal modo le cose? Oppure bisogna riservare il termine «narcisismo» (in questo caso, secondario) solo al momento in cui si è costituito un Io strutturato e unificato, che diventa l'oggetto d'amore anche perché, come fanno notare Laplanche e Pontalis, esso è «l'immagine unificata del corpo»? Su questo punto – a partire dalle ricerche, degli anni '20, di Abraham sull'oralità – il dibattito è stato assai vivo tra gli psicoanalisti.

Credo che, attualmente, si possa concordare nel formulare la questione in questi termini: la pulsione sessuale si sviluppa a partire dalla separazione dell'esperienza del funzionamento fisiologico di alcune parti dell'organismo dall'esperienza di piacere che può essere tratta dalle stesse parti anche in assenza dell'espletamento delle loro funzioni. La caratteristica dell'«assenza» è fondamentale perché, al suo posto, si attua un'attività psichica (ad esempio un'attività di fantasia). Durante ciascuna delle fasi dello sviluppo psicosessuale si ha non solo la scoperta del piacere d'organo ma anche l'elaborazione psichica di procedimenti conoscitivi e affettivi che vengono applicati a tutta la realtà e, in ciascuna di queste fasi, l'esperienza della propria capacità di produrre piacere e l'amore legato ad una particolare parte del proprio corpo costituiscono il polo narcisistico di una situazione che oscilla continuamente tra la ricerca dell'oggetto esterno (o la sua attualizzazione tramite il ricordo) e la ricerca della stimolazione del proprio corpo. Allorché l'Io è sufficientemente strutturato può accadere una ulteriore separazione: l'amore di sé che finora si era appoggiato sulla esperienza autoerotica legata a specifiche zone corporee può rendersi autonomo e divenire solo «amore del (proprio) Io». Ossia anche il narcisismo (secondario) ha bisogno di una maturazione, di una evoluzione. In questo senso, è importante considerare che esiste un narcisismo «orale», uno «anale», uno «fallico» e così via.

L'immagine che può aiutarci a pensare a questa situazione psichica inconscia è quella del pendolo, che oscilla tra il polo narcisistico e quello libidico-oggettuale. Ma si tratta di un'immagine che abbiamo bisogno di usare per pensare coscientemente questa situazione.

Nell'inconscio, infatti, vige una condizione di atemporalità."[33]

[33] A.A. Semi, op. cit., p. 42

5. L'inganno dello specchio: Il narcisista patologico.

Riguardo alla funzione psichica, il narcisismo cosiddetto 'sano' si può definire come una componente connaturata all'essere umano, il complemento all'istinto di conservazione.

Secondo alcuni autori , a cominciare da per Sigmund Freud, esistono due correnti narcisistiche, una per l'appunto deputata alla autoconservazione (definita 'sana') ed un'altra che, se disturbata nel corso dello sviluppo, porterebbe alla patologia narcisistica. Nella concezione freudiana, quindi, esisterebbero una libido dell'Io ed una libido oggettuale, le quali sarebbero contrapposte, nel senso che "quanto più si impiega dell'una, più si depaupera l'altra"[34].

Come afferma anche Semi:

"Spesso, il termine «narcisista» viene usato accompagnato da un implicito o esplicito giudizio di condanna il narcisismo è un modo essenziale di essere dell'animo umano. Certo, può avere delle declinazioni eccessive, può essere alla base di patologie gravi ma, prima di tutto, è una modalità di pensiero normale, sana, essenziale per la vita stessa."[35]

Il dibattito sull'argomento è tuttora vivacissimo. In questo brano, viene evidenziato come ogni individuo, partendo dalle primissime fasi dell'infanzia, oscilli tra un narcisismo 'autarchico', che tende ad un benessere vissuto nella solitudine, ed una necessità di relazione affettiva appagante. Ma, prima di questo, Semi riflette su due ipotesi: la

---

[34] Sigmund Freud, Introduzione al narcisismo, Torino, Biblioteca Boringhieri, p. 20.

[35] A.A. Semi, op. cit., p.68-74

pulsione è pre-esistente nel neonato o è la figura materna che crea la pulsione?

"Ritorniamo ora alle due ipotesi di base e notiamo come, in ogni caso, esse descrivano un tragitto che – idealmente – va dalla esperienza della soddisfazione, della felicità, del piacere a quella del dispiacere e dei rimedi che possono essere recati a questo stato deprecabile. Infatti, sia che l'individuo-«vescicola» sia soddisfatto con se stesso, inondato da una energia psichica sessuale ben equilibrata, che non gli fa avvertire il bisogno né il desiderio, sia invece che la soddisfazione derivi da una condizione diadica (infante-mamma) fusionale e indifferenziata di continua soddisfazione dei bisogni, quel che entrambe le due ipotesi mettono in evidenza è il fatto che questa condizione non può durare. Anzi. Che essa è un'esperienza necessariamente puntiforme, episodica, transitoria. E che il compito che si impone al neonato è quello di ripristinarla. Ma non solo al neonato: durante tutta la vita ciascuno di noi ha bisogno di cercare di ripristinare o comunque di tendere ad una situazione di soddisfazione particolare, quella che – coscientemente – possiamo definire di «stare bene con se stessi e senza alcun altro». E tuttavia, il fatto di tendere o di cercare di ripristinare segnala di per sé come questo stato sia inattingibile: il narcisismo, perciò, è sempre anche infelice, in quanto reca in sé un'esigenza di completezza, in questo senso di perfezione, che noi non possiamo mai raggiungere. Se questa è la condizione umana – quella di un essere incompleto – in molte situazioni il narcisismo diventa particolarmente infelice, facendo precipitare l'individuo in una condizione di sofferenza e di angoscia, o il tentativo di ripristinarlo diventa particolarmente intollerabile per gli altri."[36]

Come Narciso, che si incanta davanti alla sua immagine riflessa, il narcisista –

---

[36] A.A. Semi, op. cit., p.34

contrariamente a quel che si tende a pensare-non ama se stesso, ma la propria immagine:

"Di solito si pensa al narcisismo come a un eccessivo amore di sé, accompagnato da una corrispondente mancanza di interesse e di sentimenti verso gli altri. Il narcisista ha fama di essere un egoista e un avido il cui atteggiamento è "io per primo" e, in molti casi, "soltanto io". Ma questa descrizione è corretta solo in parte. I narcisisti dimostrano, è vero, mancanza di interesse per gli altri, ma sono altrettanto indifferenti anche ai propri più veri bisogni. Spesso il loro comportamento è autodistruttivo. Inoltre, quando parliamo dell'amore dei narcisisti per "se stessi", dobbiamo operare una distinzione. Il narcisismo denota un investimento nell'immagine invece che nel sé. I narcisisti amano la propria immagine e non il proprio sé reale. Hanno un senso di sé debole, e non in base a esso che orientano le proprie azioni. Ciò che fanno è piuttosto diretto a incrementare l'immagine, spesso a scapito del sé."[37]

A Narciso sarebbe bastato rompere la superficie dell'acqua (lo specchio) o immergersi in essa per rompere l'incantesimo d'amore che l'aveva legato tragicamente a se stesso. Ma non lo fece.

Anche nella realtà del quotidiano, difficilmente un narcisista trova la forza di uscire dalla visuale che lo costringe a rimirarsi, soprattutto perché, nella maggior parte dei casi, non è consapevole del suo disturbo: "Quando la facciata narcisistica di superiorità e di unicità crolla e diventano coscienti il senso di perdita e di tristezza, spesso è troppo tardi."[38]

Purtroppo è risaputo che la patologia narcisistica è fortemente aumentata, negli ultimi decenni, esponenzialmente al narcisismo della società di cui parla Lasch[39]. Non si tratta

---

[37] Alexander Lowen, Il narcisismo. L'identità rinnegata, Milano, Feltrinelli, 1985, p. 32

[38] A.Lowen, op. cit., p. 10

di un dramma che investe solo la vita privata dei singoli: le caratteristiche proprie del disturbo non inficiano soltanto le capacità affettive, ma anzi talvolta sono 'funzionali' al raggiungimento di scopi:

"A livello culturale il narcisismo può essere visto come una perdita di valori umani: viene a mancare l'interesse per l'ambiente, per la qualità della vita, per i propri simili. Una società che sacrifica l'ambiente naturale al profitto e al potere rivela la sua insensibilità per le esigenze umane. La proliferazione delle cose materiali diventa la misura del progresso nel vivere (…). Quando la ricchezza occupa una posizione più alta della saggezza, quando la notorietà è più ammirata della dignità e quando il successo è più importante del rispetto di sé vuol dire che la cultura stessa sopravvaluta l'"immagine', e deve essere ritenuta narcisistica."[40]

---

[39] C. Lasch, op. cit.

Alla luce del periodo storico in cui viviamo, in cui la crisi economica mondiale è stata provocata proprio da una selvaggia corsa al profitto, queste parole suonano illuminanti su quanto una società basata su valori narcisistici sia destinata a distruggere se stessa.

E anche nel caso specifico del nostro Paese, in cui la politica è divenuta in gran parte mezzo per godere di benefici particolari e non impegno ad adoperarsi per il bene comune, possiamo ritrovare i malefici effetti di mentalità e personalità narcisiste.

Lowen nota una differenza sostanziale nei problemi della personalità attraverso le epoche. Le nevrosi di fine '800 e primi del '900 caratterizzate da ansie, sensi di colpa, fobie, ossessioni sono state sostituite soprattutto da depressioni caratterizzate dall'assenza di sentimenti, da pazienti che, nonostante abbiano

---

[40] A. Lowen, op. cit., p.9

successo nella vita, nella professione, nella vita sociale, si sentono profondamente frustrate e insoddisfatte:

"Le loro prestazioni (…) sembrano troppo efficienti, troppo meccaniche, troppo perfette per essere umane. Funzionano più come macchine che come persone."[41]

La mancanza di umanità, che Lowen individua come una delle caratteristiche principali del narcisista, è dovuta ad una sorta di scollamento dell'individuo dal proprio Sé:

"I narcisisti sono più preoccupati di come appaiono che non di cosa sentono. In realtà negano i sentimenti che contraddicono l'immagine che cercano. Agendo senza sentimenti, tendono ad essere seduttivi e manipolativi, aspirano ad ottenere il potere e il controllo sugli altri. (…) I narcisisti mancano del senso di sé che deriva dai sentimenti del

---

[41] A. Lowen, op. cit. p. 10.

corpo. Senza di esso, la vita pare loro vuota e priva di significato. È una condizione desolata."[42]

Proprio questa condizione desolata oggi spinge molte persone, soprattutto giovani e non solo, ad avvicinarsi ad un altro Specchio Magico: la Religione e i suoi estremi. Lo Specchio Magico gli dice che lui è il più bello e se farà quello che lo specchio gli dirà sarà premiato. Qui lo specchio prende il sopravvento.

La Religione è seduttiva perché non può essere solo una visione spirituale intima e personale. Deve trovare consensi, se non sei d'accordo con il o con i nuovi addetti sei un infedele. Esci dal gioco. Sei uno Specchio che dice un qualcosa che al narcisista non piace e puoi essere infranto.

---

[42] Ibidem, p.9.

Lo specchio diventa così un Amico immaginario, un Dio al quale chiedere conferme della propria esistenza. Un Amico Immaginario che lo porta fuori dal mondo e dalla realtà. Gli prefigura un'altra vita dove tutti i suoi bisogni narcisistici saranno soddisfatti. Perché in questo mondo nessuno e nulla potranno mai soddisfarli.

Ricordiamo a tal proposito un famoso Dio narcisista che crea un uomo a sua immagine e somiglianza. Lo pone in un Paradiso e quando l'uomo-specchio disobbedisce viene cacciato-rompe lo specchio.

6. Un punto di vista filosofico

Concludiamo questo excursus sul mito di Narciso con la preziosa analisi del filosofo francese Louis Lavelle (1883 – 1951) , le cui parole risultano straordinariamente attuali:

"La storia di Narciso, morto per contemplazione della sua immagine, attratto dalla propria bellezza al punto tale da perdersi definitivamente nello specchio d'acqua che la rifletteva, ha suscitato numerose interpretazioni. La più affascinante è senza dubbio quella fornita da Ovidio ne: Le metamorfosi; il triste racconto termina con la trasformazione dell'eroe vergine in un fiore fragile, il narciso che cresce accanto alle sorgenti. Mentre nel mito antico la colpa di Narciso consisteva nel disdegnare l'amore

119

degli altri e nell'isolarsi all'interno di un amore esclusivo verso se stesso, Ovidio apporta un elemento drammatico nuovo, particolarmente toccante, che contribuisce a donare a questa storia un accento tragico. In effetti Narciso, scorgendo per caso il suo riflesso nel pozzo di una fonte a cui si è avvicinato per bere, ignora, in un primo momento, che tale riflesso è quello del suo viso. Crede di vedere qualcun altro e si innamora perdutamente, non già di se stesso ma della bella immagine che scopre nell'acqua; viene rapito da una bellezza inafferrabile che, offrendosi al lui, al contempo si schermisce. Soltanto in un secondo momento, quando nota che tutti i movimenti di questa immagine-riflesso sono identici ai suoi, Narciso si riconosce. Allora si batte il petto e il volto per il dolore e aspetta la morte con gli occhi fissi sull'acqua.

Narciso, infelice per non esser stato differente da sé.

Gli Antichi mettevano in risalto, censurandoli, il rifiuto dell'amore e il disprezzo mostrati da Narciso; Ovidio, più moderno, insiste invece sul carattere illusorio dell'immagine. Narciso è vittima del riflesso della bellezza; si strugge per un riflesso; e quando si accorge che tale immagine rimanda solamente a se stesso, la sua illusione si carica di un sentimento di infelicità invincibile; non è disilluso; al contrario, resta imprigionato nella propria auto illusione"[43]

Se l'analisi di Lavelle rimane estranea a ogni dato psicoanalitico è perché non possiede l'ambizione terapeutica della cura psicoanalitica, il cui scopo precipuo concerne una ridistribuzione delle carte che compongono l'io. Pur non avendo Lavelle trattato espressamente questo tema, è comunque lecito ritenere che per lui il metodo psicoanalitico sia ancora troppo narcisistico: affinché l'io possa sentirsi bene con se stesso, non si deve valorizzarlo come fa la psicoanalisi, e

---

[43] L. Lavelle, L'errore di Narciso, p.6-7

nemmeno svalutarlo al punto di annientarlo come accade nel pensiero cinese del Tao ma occorre che la coscienza diventi consapevole sia di sé sia del vertice della propria anima.

Dunque Lavelle, trattando della storia di Narciso, ci invita a un'attitudine radicalmente diversa da quella che ha condotto alla morte il giovane eroe. È necessario rinunciare a guardarsi per esistere semplicemente:

"Per un meraviglioso paradosso, se smetto di guardarmi e osservo coloro che mi circondano, conosco me stesso senz'aver pensato di farlo: è quando smetto di perseguire il mio proprio bene e cerco quello altrui che trovo anche il mio. Ogni raggio di luce deve illuminare il mondo prima di venire a illuminarmi"[44]

Con queste parole, il filosofo afferma una verità inconfutabile: è il confronto con gli altri

---

[44] L. Lavelle, op. cit. p.7

che porta alla conoscenza di se stessi, non il guardarsi e il riguardarsi in uno specchio che, se è l'unica fonte per noi di autocoscienza, diviene deformante.

In questo senso, la sua visione concorda con quella della psicanalisi: se il narcisista si disinteressa degli altri, se li vive solo come oggetti inanimati, è perché l'altro diviene specchio di un Sé inesistente. Se non posso identificarmi (rispecchiarmi) nell'altro, non raggiungerò né la conoscenza di me stesso né la conoscenza dell'altro.

"L'avventura di Narciso ha ispirato i poeti a partire da Ovidio. Narciso ha sedici anni.

È inaccessibile al desiderio. Ma è questo rifiuto del desiderio che si trasformerà per lui in un desiderio più sottile.

Il suo cuore è puro; per timore che il suo sguardo possa appannare questa purezza, gli è stato predetto che sarebbe vissuto a lungo se avesse accettato di non conoscersi.

Ma il destino ha deciso altrimenti. Eccolo che, innocente, per appagare la sua sete s'incammina verso una fonte vergine dove nessuno ancora si è mai specchiato. Vi scopre inaspettatamente la sua bellezza, e non ha altra sete che di se stesso. Ormai è la sua bellezza che dà origine il desiderio che lo tormenta, che lo separa da se stesso rimandandogli la sua immagine, e che lo costringe a cercarsi là dove può rimirarsi, vale a dire dove non esiste.

Davanti a sé trova un oggetto che gli somiglia, che lo ha accompagnato; e che segue ogni suo passo. Dice: "Io ti sorrido, e tu mi sorridi. Ti tendo le braccia, e tu mi tendi le tue. Percepisco che anche tu desideri il mio abbraccio. Se io piango rendendomi conto che non è possibile, tu piangi con me, e le stesse lacrime che ci uniscono nel sentimento del nostro desiderio e della nostra separatezza offuscano la trasparenza dell'acqua, e ci nascondono all'improvviso l'uno all'altro.

Allora comincia il gioco di ritrosie e di finte attraverso il quale si allontana da sé per vedersi, e si protende verso di sé per cogliersi. È stato costretto ad allontanarsi per dare al suo amore un'immagine che si sarebbe annullata se fosse riuscito a raggiungerla. Solo un po' d'acqua lo separa da se stesso: immerge le braccia per afferrare questo oggetto che non è altro che un'immagine, non può che contemplarsi senza potersi abbracciare. Si consuma senza riuscire a strapparsi da quel luogo. Al bordo della fonte rimane solamente un fiore, dal cuore color zafferano circondato da petali bianchi, a testimonianza della sua misera avventura."[45]

Anche in questo caso Lavelle coglie, inconsapevolmente, ciò che la psicanalisi avrebbe affermato diversi decenni dopo, ovvero una particolare modalità di relazione tra due narcisisti. Secondo Otto Kernberg, molti

---

[45] L. Lavelle, op. cit. p.32

pazienti affetti da questa patologia ricercano partner che inconsciamente rappresentino un'immagine speculare di sé:

"(...) una sorta di 'gemello eterosessuale', completando così inconsciamente se stessi con i genitali e con le corrispondenti implicazioni psicologiche dell'altro sesso, senza dover accettare la realtà di una persona differente e autonoma."[46]

Un'altra caratteristica che Lavelle coglie in anticipo sulla psicanalisi è quella, apparentemente contraddittoria, del 'guardare senza vedere':

"Narciso è dunque punito per il suo errore perché desidera contemplare il proprio essere prima ancora di averlo egli stesso formato; vuole trovare in sé, per possederla, un'esistenza che non è altro che pura potenza finché non si

---

[46] Otto Kernbeg, Relazioni d'amore, Milano, Raffaello Cortina, 1995, p. 177.

attualizza. Narciso si accontenta di questa possibilità: la muta in una immagine ingannevole, in lei ormai dimora, e non nel proprio stesso essere. L'errore fatale che commette è che, creando questa apparenza di sé della quale si compiace, immagina di aver creato il suo vero essere."[47]

A proposito di apparenza e realtà, afferma Lowen:

"Lo sguardo dei narcisisti non è mai assente. La loro mente non si allontana dalla realtà della situazione in cui si trovano. Quando ci guardano vedono proprio noi- ma non come esseri che sentono, solo come immagini. È come se vedessero il nostro riflesso nello specchio. Possono così essere consapevoli di ogni nostra mossa, ma non vedono l'essenziale della nostra persona."[48]

---

[47] L. Lavelle, op. cit. p. 35
[48] Al Lowen, op. cit., p. 115

"Il delitto di Narciso è di preferire, alla fine, la sua immagine a se stesso. L'impossibilità di unirsi a essa non può condurlo che alla disperazione. Ama un oggetto che non può possedere. Ma dal momento in cui ha cominciato a dedicare la propria attenzione per vederlo era la morte che desiderava: raggiungere la propria immagine e confondersi con essa significa morire. (…). Narciso non sa che deve abbandonare il suo corpo per percepire la propria immagine. Ha voluto imitare Dio che, contemplandosi, ha creato il suo Verbo. Non ha potuto vedere che l'immagine del proprio corpo. Ma in lei si vede più bello di ogni altro spettacolo, e questa scoperta lo fa venir meno. Scompare nella fonte perché vuole che la sua immagine troppo bella occupi tutto lo spazio del proprio essere, come è successo a Lucifero quando è divenuto Satana. Narciso cerca di gioire attraverso l'essenza dell'immagine stessa del suo corpo. Audace e delittuosa impresa che non poteva che perderlo."[49]

Lavelle arriva quindi ad individuare uno dei punti cruciali della personalità narcisistica, cioè il riconoscimento dell'alterità (e di se stesso). Solo l'incontro con l'altro ed il suo riconoscimento spezzano il circolo vizioso narcisista e permettono all'individuo di riconoscersi attraverso l'accettazione e l'interazione con l'altro, in una sorta di rinascita che segue alla morte (dell'individualità):

"Dio, nella sua immensa saggezza, vide Adamo cercare se stesso come Narciso e, raddoppiandolo secondo il suo desiderio, fece apparire davanti a lui il corpo della donna alla quale avrebbe potuto unirsi senza annientarsi. Ma lasciato alle sue sole forze Narciso si fa sostituire da un fantasma che imita i suoi poveri gesti e che, cercava di possedere. Era un essere diverso da lei, ma di cui questa

---

[49] L. Lavelle, ibidem, p. 38

immagine le insegna che anche lui le assomiglia. Lei si unirà a lui e gli darà, narra il poeta, una moltitudine di figli che la faranno diventare la madre degli umani."[50]

Tuttavia è proprio l'incontro con l'altro che rappresenta uno degli ostacoli più insidiosi, per il narcisista:

"Nelle loro fantasie, questi pazienti si identificano con le proprie immagini ideali del Sé per negare la dipendenza normale da oggetti esterni e dalle rappresentazioni interiorizzate degli oggetti esterni. È come se dicessero: 'Non ho bisogno di temere di essere respinto perché non sono all'altezza di quell'ideale di me stesso che solo mi consente di essere amato dalla persona ideale che immagino mi amerebbe. Quella persona ideale e la mia immagine ideale di quella persona e il mio vero Sé ora sono una cosa sola, migliore di quella

---

[50] L. Lavelle, ibidem, p.40

persona ideale dalla quale volevo essere amato, così che ormai non ho più bisogno di nessuno."[51]

Un'altra caratteristica del narcisista consiste, infatti, nella pretesa di un'autosufficienza assoluta, derivata direttamente dal senso di onnipotenza che queste personalità sviluppano: 'Io non ho bisogno di nulla e di nessuno ', si dicono, più o meno inconsciamente. Come Narciso, si sostituiscono a Dio.

Un altro filosofo che si riconduce a Dio, nonostante il suo ateismo è Sartre.

Wikipedia:
Sartre padre dell'Esistenzialismo Ateo: Il tema principale posto in essa è la fondamentale libertà di realizzarsi di ogni uomo come uomo-dio e l'ineludibilità di rimanere sempre un dio-fallito. Ciò che

---

[51] O. Kernberg, op. cit., p. 239

evidenzia il fallimento è l'angoscia che attanaglia l'uomo nel vivere il suo esistere come una libertà fasulla, basata sul nulla ...

Non sono uguale a dio, mio specchio dove posso riflettermi, quindi sono un fallito. Il narcisismo dell'ateo?

CONCLUSIONI

L'intento del nostro studio era quello di individuare il ruolo e le funzioni dello Specchio nelle fiabe e nei miti in cui esso appare.

Dall'analisi compiuta, risulta che lo Specchio non ha praticamente mai la stessa funzione: nelle fiabe l'oggetto racchiude caratteristiche magiche (mostra l'esterno, risponde alle domande), mentre nel mito di Narciso conserva sì la propria funzione specifica, ma esclusivamente in modo distruttivo.

Narciso, infatti, si specchia nell'acqua, ma la sua stessa immagine lo imprigiona.

Pare quindi che lo Specchio assuma, nelle fiabe e nei miti, funzioni particolari, che alludono a specifiche istanze psichiche e/o simboliche.

Del resto anche in altri generi letterari la funzione dello Specchio non è mai quella, banalmente, fisica. Si pensi, per esempio, al *Ritratto di Dorian Gray*, il celebre romanzo di Oscar Wilde: nel caso specifico troviamo addirittura uno Specchio dello Specchio, ovvero un ritratto che, a causa di uno scellerato patto, invecchierà al posto del protagonista. Dorian Gray, giovane arrivista, malvagio e narcisista, vivrà la sua scellerata vita mantenendo inalterate la sua bellezza e la sua gioventù. Ma, alla sua morte, il ritratto mostrerà il volto di un vecchio mostruoso, deformato dalla sua malvagità e da una vita dissoluta.

In *Uno, nessuno e centomila* di Luigi Pirandello, il protagonista, dopo un'osservazione della moglie sul suo naso, comincia a guardarsi allo specchio e a notare aspetti di se stesso che non aveva mai notato.

In *Attraverso lo specchio e quel che Alice vi trovò* di Lewis Carrol, seguito del più popolare Alice nel Paese delle meraviglie, la bambina si chiede che cosa ci sia al di là dello specchio e, una volta entrata in esso, vivrà bizzarre avventure coi protagonisti delle sue filastrocche preferite. In sostanza lo specchio, in questo caso, racchiude un mondo infantile e fantastico che, in un certo senso, è specchio dell'età della bambina e delle sue fantasie.

Rimanendo nel settore della letteratura per l'infanzia, nel ciclo di *Harry Potter* scritto da J.K. Bowling, troviamo addirittura una serie di specchi: l'Avversaspecchio, che permette ai personaggi di individuare i propri nemici; gli Specchi Gemelli, che permettono ai loro possessori di comunicare tra loro e, infine, lo Specchio delle Brame –evidente citazione da Biancaneve- che, non casualmente, porta la dicitura (scritta all'incontrario) *Non rifletto il volto ma il cuore* . In quest'ultimo specchio il piccolo mago può realizzare il suo più profondo desiderio: vedersi insieme a tutta la sua famiglia, che non ha più.

Evidentemente lo Specchio, proprio per la sua funzione, è un oggetto che si presta più di altri a simboleggiare – anche se in modo spesso alterato, come abbiamo visto- funzioni affettive e psichiche veicolate attraverso l'espediente della magia.

Ovviamente lo Specchio è il simbolo dell'identità: identità messa in dubbio nel caso del protagonista pirandelliano, identità svelata ma solo in superficie come quella di Narciso.

È infatti proprio in questo mito che l'acqua, permettendo al giovane di specchiarsi, segna tragicamente il suo destino.

Il mito di Narciso, come abbiamo visto, è infatti strettamente legato all'identità: identità negata, rimossa, misconosciuta a scapito dell'immagine.

Lo specchio ha una superficie e, forse non a caso, la superficialità è una delle caratteristiche del narcisismo: non voler conoscersi, limitarsi all'immagine, non infrangere lo specchio per scoprire cosa nasconde dietro una fragile apparenza.

Tuttavia la patologia narcisistica, specie negli ultimi decenni, non solo è esponenzialmente cresciuta in termini quantitativi, ma anche qualitativi: come si è visto, diversi autori affermano che il narcisismo individuale, sempre più frequente, conta sulla complicità di un narcisismo collettivo che ha portato – e porta- conseguenze nefaste anche a livello sociale ed economico.

Se, infatti, si tiene conto che il narcisista tende a soddisfare gli impulsi e i bisogni più superficiali a svantaggio del proprio Sé, che rimane depauperato, è evidente che questo tipo di società tenderà sempre di più a soddisfare le false necessità -del singolo e della collettività- e ad ignorarne le esigenze più elementari e profonde.

BIBLIOGRAFIA

Libri

Bruno Bettelheim, Il mondo incantato, Milano, Feltrinelli, 1977

Lewis Carrol – Attraverso lo specchio e quel che Alice vi trovò, ed. originale 1871

Mircea Eliade- Aspects du mythe, Paris, Gallimard, « Idées », 1963

Sigmund Freud, Introduzione al narcisismo, Torino, Biblioteca Boringhieri

Carl G. Jung Kàroly Kerenyi, Prolegomeni allo studio scientifico della mitologia, Torino, Bollati Boringhieri, 1972

Otto Kernberg, Relazioni d'amore, Milano, Raffaello Cortina, 1995

Christopher Lash, La cultura del narcisismo, Milano, Bompiani, 1981

Juliett Mitchell, Psicoanalisi e femminismo, Torino, Einaudi, 1976.

Alexander Lowen, Il narcisismo. L'identità rinnegata, Milano, Feltrinelli, 1985

Marina Mizzau, Eco e Narciso, parole e silenzi nel conflitto uomo-donna, Torino, Boringhieri, 1979

Francesca Morino Abbele, Maria Rita Parsi, La mente creativa, Milano, Franco Angeli, 2006

Maria Rita Parsi. La principessa degli specchi- tecnica di approccio psicoanimatorio al corpo, Firenze, Ed. Organizzazioni Speciali, 1985

 Luigi Pirandello, Uno, nessuno e centomila, Milano, Bur, 2007; prima edizione 1926.

Publio Ovidio Nasone, Le metamorfosi, Milano, Rizzoli, 1994.

Antonio Alberto Semi, Il narcisismo, Bologna, Il Mulino, 2007

Gershom Scholem, Le grandi correnti della mistica ebraica, Torino, Einaudi, 1993

Oscar Wilde, Il ritratto di Dorian Gray, ed. originale 1890.

Virginia Woolf, Una stanza tutta per sé, in Romanzi e altro, Mondadori,Milano, 1978,

Canzoni

Laura degli specchi di Eugenio Finardi; in Alice, Azimut, 1982, EMI.

Michael Jackson , dall'album Bad, Man in the Mirror (Glen Ballard, Siedah Garrett)

Film

La Bella e la Bestia (Beauty and the Beast,) 1991, Trousdale e Wise .

Testi tratti da Internet

Luana Benini, Esplorazione nella fiaba, pubblicato nella rivista Insieme dei Cemea (Centri Esercitazione ai Metodi dell'Educazione Attiva) http://www.cemea.ch/users/bd/Espressione/storie/espl orazione_nella_fiaba.htm

Louis Lavelle, L'errore di Narciso, Ipoc press, 2012,
E-book; edizione originale 1939.

Wikipedia, La bella e la bestia (fiaba)
http://it.wikipedia.org/wiki/La_bella_e_la_bestia_(fia
ba)Wikipedia, http://it.wikipedia.org/wiki/Magia

Man In The Mirror

Traduzione italiana del testo

Sto per fare un cambiamento
per una volta nella mia vita
dovrà farmi sentire veramente bene
fare la differenza
essere una cosa giusta
Come al solito alzo il colletto del
mio cappotto preferito,
questo vento soffia la mia mente
Vedo i ragazzi nella strada
senza abbastanza cibo
chi sono io per essere cieco?
Pretendendo di non vedere
i loro bisogni
Un non curanza estiva
una bottiglia rotta in cima
e un'altra anima di un uomo
Loro s'inseguono nel vento lo sai
perché non hanno un posto dove andare
è per questo che io voglio che tu sappia
Che inizierò con l'uomo nello specchio
gli ho chiesto di cambiare la sua strada
e nessun messaggio può essere
più chiaro
se tu vuoi rendere il mondo

un posto migliore
(se vuoi rendere il mondo un posto migliore)
guarda a te stesso e fai un cambiamento
se vuoi rendere il mondo un posto migliore
(guarda a te stesso e fai un cambiamento)
nananananananananananananah
Sono stato una vittima dell'egoismo
un tipo di amore
questo è il momento in cui ho realizzato
che ci sono persone senza
casa, senza un centesimo da prestare
potevo essere veramente io?
pretendendo che loro non fossero soli?
Un salice profondamente spaventato
qualcuno ha spezzato il cuore
e un sogno cancellato
(un sogno cancellato)
loro seguono la scia del
vento, lo vedi
perché non hanno un posto dove stare
è per questo che voglio iniziare con me
(iniziare con me)
Che inizierò con l'uomo nello specchio
(ooh)
gli ho chiesto di cambiare la sua strada
(ooh)
e nessun messaggio può essere
più chiaro

se tu vuoi rendere il mondo
un posto migliore
(se vuoi rendere il mondo un posto migliore)
guarda a te stesso e fai un cambiamento

se vuoi rendere il mondo un posto migliore
(guarda a te stesso e fai un cambiamento)
Che inizierò con l'uomo nello specchio
gli ho chiesto di cambiare la sua strada
e nessun messaggio può essere
più chiaro
se tu vuoi rendere il mondo

un posto migliore
(se vuoi rendere il mondo un posto migliore)
guarda a te stesso e fai un cambiamento
se vuoi rendere il mondo un posto migliore
(guarda a te stesso e fai un cambiamento)
guarda a te stesso e fai un cambiamento
(guarda a te stesso e fai un...)
cambiamento!

Romanzi

CRIMINI D'ONORE

Il costume del matrimonio riparatore sopravvisse nella cultura occidentale fino a tempi molto recenti: in Italia fino al 1981, l'articolo 544 del codice penale *ammetteva* il "matrimonio riparatore"; secondo questo articolo del codice, l'accusato di delitti di violenza carnale, anche su minorenne, avrebbe avuto estinto il reato nel caso di matrimonio con la persona offesa (Cf. sezione XX secolo)

Non ricordo esattamente quando ho cominciato ad odiare mia madre. So che in quel momento la odiavo come non mai.

Milano, Novembre 1981. Aula del tribunale penale. Processo per rapimento e stupro. Imputato ufficiale...

148

PARIGI 2015: UN ANNO PARTICOLARE,

2016"Parlano delle religioni e Isabelle concorda con il fatto di stanare le religioni e considerarle come partiti. In questo modo crollerebbe la foglia di fico della laicità. E soprattutto, certe ipocrisie religiose verrebbero a galla"

"Dove c'è mistero, portare la luce"

Ricorda: "Dio non ti picchia, non ti giudica, non ti punisce"

Parigi 2015. Una donna, appena immigrata, osserva e s'interroga. L'amore, la terra d'origine, l'Italia. La nuova patria, la Francia. Le stragi, la religione, la multi etnicità, la povertà, la laicità, la politica, il femminismo.